Lars Reichardt · Zimmer für immer

LARS REICHARDT

ZIMMER FÜR IMMER

MEINE SUCHE NACH EINEM ORT ZUM BLEIBEN

KEIN&ABER

Für C. K.

INHALT

1 KLEINSTER GEMEINSAMER NENNER
Meine Zweck-WG mit Astrid, Li und Mike   9

2 SYMMETRISCHE UND ASYMMETRISCHE
BEDÜRFNISSE
Paare mit getrennten Betten   21

3 SONNTAGABEND BIS DONNERSTAGFRÜH
Möbliertes Zimmer bei Henno   29

4 »WIR-PROZESSE«
Wolfgangs alternative Dorfgemeinschaft   51

5 PLEASE CLEAN!
Zwistigkeiten in der Zweck-WG   73

6 TIGER MIT KRALLEN
Bastis Mehrgenerationenhaus   87

7 PENSION LEOPARD
Meine WG-Historie   97

8 GENOSSINNEN & GENOSSEN
Ruths, Matthias' und Stefan Höglmaiers
Modelle gegen die Wohnungsnot   119

9 WIE LANGE KOCHEN NUDELN?
Rudi, der Rockprofessor,
zieht in die Zweck-WG   139

10 ANERKENNUNG DES ANDERSSEINS
Beatrix und Karl-Ludwig in Utopiaggia   155

11 ALLES AUSSER SEX
Gertis und Hannis Witwen-WG   175

12 WIR SIND KEINE SAUBERKEITSFETISCHISTEN
Pater Bordts Jesuiten-Kommunität   181

13 THAT'S WHAT THEY CALL LIFE
Rudi, der Rockprofessor, zieht weiter   189

14 VON OFFENEN UND GESCHLOSSENEN TÜREN
Julias, Jules und Carolines
Privat- und Intimsphären   199

15 SPRECHENDE MÖBEL
Geister bei Thomas, Emanuele und Lars   211

Dank   219
Literatur   221
Der Autor   223

1 KLEINSTER GEMEINSAMER NENNER
Meine Zweck-WG mit Astrid, Li und Mike

Ich lebe in einer Zweck-WG. In einem kleinen Reihenhaus im Münchner Süden mit einem winzigen Garten, ruhig nach hinten raus. Die Frau weg, Kinder aus dem Haus, mit der neuen Freundin lieber nicht zusammenziehen, die Unkosten teilen, und außerdem war ich an den Wochenenden ohnehin meist bei der Freundin oder auf Reisen für den Job – es sind pragmatische Gründe, die für eine Zweck-WG sprechen. Andere wären denkbar: zum Beispiel die Distanz, die man wahren kann. Man muss nicht sprechen in einer Zweck-WG, sich erklären, sich kümmern, sich sorgen, sich helfen. Man darf, wenn man will. Eine Zweck-WG ist eine modernere Version des Wohnheims.

Es gab Jan, meinen Freund und Kollegen bei der Zeitung, er rückte mit seiner Bettdecke und zwei Koffern an, als er die Streitereien mit seiner Freundin nicht mehr aushalten wollte. Er blieb ein Jahr, es war ein gutes WG-Jahr, das beste so weit. Wir kochten füreinander, wir kümmerten uns sogar eine Zeit lang gemeinsam um den verwilderten Garten. Wir redeten, wir schwiegen, Freunde eben. Jan ließ sich nach Berlin versetzen, zu seiner Tochter, er wollte nicht mehr pendeln. Er sagt, er vermisst mich. Ich ihn noch viel mehr. Das Wohnen mit Jan war eine Freundschafts-WG inmitten einer Zweck-WG.

Dann gab es Mike, einen Versicherungsagenten, seine Eltern stammten aus Togo. Als er vor der Tür stand, entdeckte ich den Rassisten in mir, der sich kurz fragte, was wohl die Nachbarn nebenan sagen würden. Niemand sagte später irgendetwas. Mike hatte einen Bandscheibenvorfall, arbeitete mehrere Monate nicht, und begann während seiner Krankschreibung eine Fortbildung. Er ging jeden Sonntag zur Kirche, arbeitete ehrenamtlich mit behinderten Kindern, aber wenn es um Astrid ging, kannte er kein Pardon, ihr verzieh er nichts. Astrid zog ein paar Monate nach ihm ein, sie veranstalte in der Küche angeblich bis spät nachts einen Heidenlärm. Er sagte: Mit der kann kein Mensch auskommen. Sie oder ich. Ich sagte: Mike, warum hast du sie nicht gebeten, leise zu sein? Er: Hab ich. Aber sie ist rücksichtslos. Wegen ihr bin ich bei meiner Prüfung durchgefallen. Ich: Das kannst du ihr doch nicht in die Schuhe schieben? Er: Doch. Drei Nächte habe ich wegen ihr kein Auge zugemacht. Ich kann es beweisen, dass sie der Grund ist. Und dann schickte er mir ein Foto seines Prüfungszeugnisses mit einer Sechs drauf.

Ich sollte vermitteln. Das Haus gehört mir, oder besser gesagt, mir und der Bank und der Ex-Frau, deren Anteil ich abstottere, aber das hieß nicht, dass ich hier den Friedensrichter spielen wollte, der zwischen verfeindeten Parteien vermittelte. Ich tat es trotzdem: Astrid, könntest du Mike nicht fragen, ob es ihm gerade passt, wenn du Obst in der Küche einkochst? Mike, könntest du nicht Astrid fragen, wenn du Pizza machen musst? Ich hatte keinen Erfolg. Mike schickte weiterhin Beweisfotos vom Chaos, das Astrid seiner Meinung nach in der Küche oder im Garten hinterließ. Einmal ging die Waschmaschine nicht mehr, Astrid baute sie auseinander, entdeckte irgendein Teil, das den Abfluss verstopft hatte, wusste aber nicht, wie man die Waschmaschine wieder zusammenbauen könnte. Mike schickte mir tagelang Fotos mit hasserfüllten Bildunterschriften, weil er nicht waschen konnte. Irgendwann erbarmte sich Jan, und baute die Einzelteile so ein, dass die Maschine wieder ging.

Nach der Waschmaschinenaffäre sprachen Mike und Astrid nicht mehr miteinander, sie grüßten sich nicht mehr und mieden einander in der Küche. Ich sagte, das ginge nicht, ich fände das unsozial, es war ihnen beiden egal.

Solche Geschichten kennt jede WG, manche versuchen Konflikte mit einer eigenen Hausordnung zu lösen, aber oft gibt irgendjemand auf und zieht aus. In diesem Fall war es Mike.

Ich hatte mich gegen das Gefühl von Jan und Mike für Astrid entschieden, als sie kam und sich vorstellte. Ich wüsste bis heute kein besseres Kriterium bei der Auswahl eines Mitbewohners als das Bauchgefühl. Es gibt Wohngemeinschaften, die mehrere Bewerber kennenlernen wollen, bei einem Abendessen, in einem Vorstellungsgespräch, um anschließend per Abstimmung zu entscheiden, einstimmig oder per Mehrheitsentscheid. So etwas erinnert mich an Bewerbungsgespräche beim Kindergarten. Ich wollte unbedingt, dass meine Kinder genommen würden, verstellte mich und gab sogar vor, es super zu finden, einmal im Jahr mit allen Kindern samt Kindergarteneltern ein Wochenende auf dem Bauernhof zu verbringen. Die Anspannung bei Vorstellungsterminen verhindert, dass man offen zeigt, wer man ist und für was man sich wirklich interessiert. Das erfährt man mitunter auch nicht nach Monaten des Zusammenlebens.

Ich entscheide jetzt immer nach meinem Bauchgefühl. Das stellt sich nach wenigen Sekunden ein, ich warte dann noch ein paar Minuten ab, bevor ich einem Bewerber zusage. Mein Bauchgefühl hat mich in Sachen Mitbewohner noch nie gänzlich getäuscht, auch wenn es später einige kleinere Reibereien mit Mike oder Astrid gab.

Mike wollte erst keine Miete mehr zahlen – »das sind asoziale Zustände hier« – und suchte sich bald darauf eine Wohnung mit seiner Freundin. Ich war erleichtert, Astrid ohnehin. Mikes Freundin war zuletzt jedes Wochenende zu Gast, es wurde einfach zu eng. Vor allem, als er noch eine andere Bekannte im Keller einquartierte, die zwar einen Job in München gefunden hatte, aber partout kein Zimmer. Drei Monate waren wir zu fünft plus Mikes Freundin. Fünf Leute lebten in fünf Zimmern, wenn man den Keller ohne Heizung als Zimmer bezeichnen darf, mit einem einzigen kleinen Bad und kleiner Küche. Für Notfälle gibt es in der Waschküche im Keller noch ein Klo.

Ich sage allen, ich wisse nicht, was ich mit dem Haus vorhätte, was ich mit meinem Leben vorhätte. Es könne sein, dass ich verkaufen wolle oder müsse. Ich würde ihnen mindestens drei Monate im Voraus Bescheid geben, falls sie ausziehen müssten. Ich bat, dass sie mich vier Wochen im Voraus wissen lassen würden, falls sie ausziehen wollten. Einen Monat Kaution verlangte ich anfangs. Nach sechs Monaten bat Astrid, doch die Kaution für die anstehende Miete einzubehalten, sie sei gerade knapp bei Kasse. Mike meinte bei Einzug, er könne das Geld gerade nicht aufbringen. Li, der nach Jan einzog, habe ich schon gar nicht mehr um eine Kaution gebeten.

Es gab noch jemanden, dessen Namen ich inzwischen vergessen habe. Er hatte sechs Monate Umgangsverbot mit seinem Sohn, der bei der Mutter aufwuchs, die ihn für einen Islamisten verlassen hatte. Weil er den Sohn nach einem Wochenende nicht pünktlich zurückbrachte und anschließend laut wurde. Er blieb fünf Monate und hinterließ einen Fleck auf dem Parkett, der von einem Sack verfaulter Kartoffeln stammte. Am Monatsende kündigte er fristlos und zog am nächsten Tag aus, um einen Job in der Schweiz anzunehmen, den er nicht antreten konnte, weil er an der Grenze bemerkte, dass man einen gültigen Ausweis braucht, um in die Schweiz zu reisen. Selbst auf diesen Mitbewohner blicke ich nicht im Zorn zurück.

Zu mir waren alle immer höflich und ich kam mit allen klar. Ich kann aber nie sicher sein, ob sie mich wirklich mögen oder ob das nur dem Umstand geschuldet ist, dass ich ihr Vermieter bin. Ich habe auch das größte und abgelegenste Zimmer im Haus, ich höre die anderen nicht, mich stört keiner.

Im Augenblick sind wir zu dritt. Li, Astrid und ich. Astrid kocht in einer bayerischen Kneipe. Aber sie kocht nicht für uns. Sie isst selten zu Hause, sondern meist in der Arbeit. Dafür mistete sie im ersten Jahr den Keller aus, fuhr alte Kinderklamotten in die weit entfernte Kirchengemeinde. Räumte den Werkzeugschrank auf. Ich bin ihr heute noch dankbar dafür, auch wenn sie den neu gewonnenen Stauraum gleich mit ihrem Zeugs auffüllte.

Astrid erzählte an einem der ersten Abende, dass sie mit dem Motorrad einmal quer durch die USA gefahren sei, immer wieder habe sie gestoppt und als Köchin gejobt, wenn ihr das Geld auszugehen drohte. Sie hat immer noch einige Freunde aus dieser Zeit, und manchmal telefoniert sie stundenlang mit ihnen. Sie kommt aus dem Umland von Bremen. Ihre Eltern besucht sie regelmäßig. Ich habe sie nie nach ihrem Alter gefragt, ich fürchtete, das könnte lange dauern, denn Astrid erzählt ausssschweifend. Sie wird irgendwas zwischen Ende dreißig und Mitte vierzig sein. Es gibt zwei Männer in ihrem Leben: eine Jugendliebe im Norden und einen Motorradfahrer in den USA. Sie wusste nicht, für welchen sie sich entscheiden sollte, deswegen ist sie nach München gekommen. Sie wollte von beiden entfernt sein, um zu erfahren, wen sie mehr vermissen würde. Sie spricht mit beiden. Nach den Telefonaten ist sie oft so aufgekratzt, dass sie mit einem Glas Bourbon die Küche belagert und Kuchen bäckt, die sie auf ihrem Motorrad frühmorgens in die Kneipe bringt. Oder sie setzt Knochen für Suppen auf, das riecht dann im ganzen Haus. Ich hoffe für sie und uns, dass sie sich irgendwann mal entscheiden kann.

Astrid ist durch und durch öko, sie mixt ihr eigenes Waschpulver und auch eines für die Spülmaschine, das Mike und ich irgendwann nicht mehr verwendeten, weil das Geschirr schmutzig blieb. Sie kocht ein, Äpfel und Pflaumen aus dem Garten. Oder Schlehen und Hagebutten, die sie am See sammelt. Sie sammelt auch unseren Plastikabfall und entsorgt ihn gewissenhaft. Sie wirft so gut wie nichts weg, sondern verkauft unser kaputtes Zeug lieber bei eBay, verschenkt oder repariert es, wann immer möglich. Ich mag das an ihr, auch wenn es manchmal anstrengend wird, wenn sie über den Winter Dutzende leere Plastikbehälter und Marmeladengläser zum Einkochen für den Sommer sammelt und sie überall stapelt.

Dann ist da noch Li. Chinese, aufgewachsen in einer südlichen Provinz an der Grenze zu Vietnam, schwul. Hübscher Kerl, fast so groß wie ich, über 1,80, Anfang dreißig, Fashion-Opfer mit sicher einem Dutzend Sneaker, liebt Blumen. Nach Deutschland gekommen wegen seines Masterstudiengangs, den er in Leipzig absolviert hat, und weil er seinem Freund nahe sein wollte, einem Italiener aus Mailand. Aber das ist wohl vorbei, lange Wochenenden verbringt er inzwischen lieber in Berlin statt Mailand, und während Corona legte er Homeofficewochen in Sofia oder Leipzig oder Madrid ein. Er spricht nach vier Jahren in Deutschland immer noch kein einziges Wort Deutsch. Im Job redet er Englisch. Behördentelefonate übernehme im Zweifel ich für ihn.

Li ist ungefähr das Gegenteil von Astrid. Sie redet wie ein Wasserfall und ist genügsam. Er ist schweigsam, verschwenderisch, großzügig, selbstsicher und legt viel

Wert auf sein Äußeres. Macht sich hübsch vor dem Ausgehen, kauft regelmäßig neue Klamotten, hat keine Bedenken vor Chemie, schluckt irgendwelche Muskelaufbaupräparate, geht ins Fitnessstudio, stemmt seit Corona Gewichte auf seinem Zimmer. Sie trägt ihre Lederjacke im Sommer wie im Winter und schminkt sich nie. Er trennt seinen Müll nicht, wenn er den Abfall überhaupt wegwirft, dann mit Sicherheit in den verkehrten Eimer. Obwohl er gut und leidenschaftlich gern kocht, holt er sich häufig eine Pizza. Er hat viele Freunde und Bekannte, Besuch bekommt auch er selten. Den Wäscheständer belegt er oft eine oder zwei Wochen lang, ohne sich je zu fragen, wo wir unsere Wäsche währenddessen aufhängen könnten. Nachts lässt er das Licht im Gang brennen. Er hat keine Angst vor Corona, meinte aber während des Lockdowns einmal, wenn der noch länger andauere, würde er sich umbringen.

Li und Astrid verstehen sich, natürlich, möchte ich fast sagen, nicht gut. Neulich kam sie aus dem Zimmer gestürzt und rief im Kommandoton, dass man in Deutschland nicht nach zehn Uhr dusche, sie müsse schließlich morgens um fünf raus. Es war halb elf und Li schrie zurück, woher er das wissen solle. Ich wurde auch laut und rief: »In diesem Haus darf grundsätzlich jederzeit geduscht werden.« Li sagte später: »Zuletzt hat mich meine Mutter so rumkommandiert. Da war ich fünf. Und im Internat war so ein Ton auch üblich.« Li und Astrid werden keine Freunde mehr. Dabei hat sie ihn gefunden, über einen Aushang in ihrer Kneipe. Sie hat ihn vorgeschlagen, ich habe nur zugestimmt. Ihr Irrtum.

Astrid vermutet, Li habe Aids und hätte uns das sagen müssen, sie will verräterische Tabletten in der Küche entdeckt haben. Aber sie fragt ihn nicht, ob ihre Vermutung stimmt. Ihr Englisch ist gut, aber sie hat nach der Duschaffäre die Lust verloren, mit Li zu reden. Ich denke, eine HIV-Infektion wäre allein Lis Sache und habe ihn bis heute nicht auf Astrids Verdacht angesprochen. Wenn überhaupt, werden es wohl ohnehin sogenannte Prep-Medikamente gewesen sein, mit denen man sich vor einer HIV-Infektion schützen kann.

In einer Zweck-WG muss man sich nichts Persönliches erzählen, und wir tun das auch kaum. Li war allerdings mal sechs Wochen zwischen zwei Jobs ohne Arbeit. Da putzte er das Haus und kochte für uns beide. Einmal sogar chinesische Teigtaschen, die machen eine unglaubliche Arbeit. Beim Essen erzählte er mir seine Geschichte: Einzelkind. Die Eltern bauen Obst und Gemüse selbst an, haben Hühner im Garten, sind längst in Rente. Einmal im Jahr versucht er sie zu besuchen, aber wegen Corona hat er sie nun zweieinhalb Jahre nicht gesehen. Die Mutter sagt, ein Besuch koste ihn doch so viel, das sei nicht nötig, er solle sich lieber um seine Karriere kümmern. Lis Mutter ahnt, dass er schwul ist, und fragt nicht mehr, wann er endlich heiraten wolle. Sie macht sich Vorwürfe, dass Li keine Freundin gefunden hat. Sein Vater weiß angeblich von nichts, Li hat nie mit ihm darüber gesprochen. Als Teenager ist Li auf eine Boarding School geschickt worden, hat dort unter der Woche geschlafen. Zum Studium ging er in die Provinzhauptstadt, seinen ersten Job bekam er in Peking. Marketing. Keinen Tag arbeitete er unter zehn, zwölf Stunden, der Sonntag wenigstens blieb frei. Er verliebte sich in einen italienischen Architekten, der für seine Firma nach Peking geschickt wurde. Als der nach Italien zurückbeordert wurde, wollte Li ihm nahe sein, zog nach Leipzig und machte seinen Master. Anschließend kam er nach München, erst für ein halbjähriges Praktikum, dann nahm er eine Anstellung im Marketing für ein Unternehmen an, das Luxus-Fahrradanhänger für bis zu 3000 Euro verkauft, Li sollte den Online-Auftritt aufmöbeln. Man spricht Englisch in der Firma. München ist ein Stück näher an Mailand, wo sein Freund lebte. Ein weiteres Plus der Stadt in seinen Augen: In der Isar schwimmen bunte Mandarin-Enten, die sich ein Leben lang treu bleiben und in China als Symbol der ewigen Liebe gelten. Der gemeine deutsche Erpel sei dagegen ein Vergewaltiger.

Der Freund ist vierzig Jahre alt, acht Jahre älter als Li. Seit zehn Jahren seien sie zusammen, aber Sex hätten sie schon lange nicht mehr. Meiner Freundin erzähle ich, wie romantisch ich es fände, dass sie sich treu blieben, obwohl sie keinen Sex miteinander hätten und sich so selten sehen könnten. Meine Freundin hält mich grundsätzlich für naiv. Ich halte meine Freundin für misstrauisch und leicht misanthropisch. Aber ein Jahr später bekomme ich von Li eine E-Mail, die ihr recht zu geben scheint: »Lieber Lars, ich schaffe es nicht, den Duschkopf zu wechseln. Kann es sein, dass er sich gar nicht abschrauben lässt? Das ruiniert mein Sexleben. Ich möchte nicht in die Details gehen, aber ich bin das, was man bei Schwulen Bottom nennt, im Deutschen sagt man dazu passiv. Ich bin darauf angewiesen, mich gründlich zu reinigen, dafür besitze ich einen eigenen Duschkopf, den ich anschrauben möchte. Was können wir tun?«

Ich mag meine Mitbewohner, auch wenn man vor solchen intimen Nachrichten nicht gefeit ist. Ich zähle sie nicht zu meinen Freunden, ich möchte ihnen auch nicht näher sein, als ich es bin, aber ich mag sie. Sie haben liebenswerte Schrullen und erträgliche Macken. Ich bin sicherlich auch nicht einfach.

Ich habe die Zweck-WG nicht nur wegen der geteilten Kosten gegründet. Ein Haus braucht Menschen, die öfter zu Hause sind als ich. Die den Briefkasten leeren und sich kümmern, wenn es irgendwo reinregnet. Wir vertrauen uns, keine Tür ist verschlossen. Ich weiß, die Miete kommt, auch wenn Li manchmal sechs Wochen lang vergisst, sie zu überweisen. Jeder putzt ein wenig, wir machen das ohne strengen Plan, und es funktioniert einigermaßen. Astrid putzt am meisten, ohne sich groß zu beklagen. Li hat freiwillig den Toilettenjob übernommen. Er ist sehr penibel beim Putzen. Ich habe ihm schon mehrmals angeboten, mit ihm zu tauschen. Er hat abgelehnt. Ich vermute, alles ist ihm lieber, als sich mit Astrid absprechen zu müssen.

Wir können uns in einem engen Rahmen aufeinander verlassen. Niemand bringt Liebhaber oder Liebhaberinnen unangemeldet mit, seit Jans Auszug ist das innerhäusliche Sozialleben auf ein Minimum heruntergefahren, so gut wie nie essen wir miteinander, in der Regel bleibt jeder für sich. Bisweilen lade ich Freunde oder Kollegen zum Essen ein. Li und Astrid tun das nie.

Niemand belästigt den anderen über die Maßen. Jeder verfügt über genügend Raum für sich. Eine Zweck-WG ist gar nicht so schlecht, meine Wohnsituation ist komfortabel, aber sie besitzt keine Perspektive. Wie lange werden Li und Astrid bleiben?

2 SYMMETRISCHE UND ASYMMETRISCHE BEDÜRFNISSE
Paare mit getrennten Betten

Vor einiger Zeit hörte ich die sonderbare Geschichte vom Freund einer guten Freundin, seit vierundzwanzig Jahren lebt seine Lebensgefährtin in einer anderen Stadt irgendwo in Deutschland. Er sagt, sie hätten nie ernsthaft daran gedacht zusammenzuziehen, auch kaum darüber geredet. Trotz drei Stunden Fahrt. Besuche in unregelmäßigem Wechsel, er öfter bei ihr als umgekehrt. Nicht immer nur am Wochenende, weil er frei arbeitet und flexibel ist. Meistens unangekündigt, er hat einen Schlüssel von ihrer Wohnung, sie von seiner. Er hat einen Stapel Klamotten zum Wechseln bei ihr, sie nicht bei ihm. Bei ihr sei das schwieriger, erzählt er, sie lege mehr Wert auf ihre Garderobe und brauche mehr.

Hört sich ganz ähnlich wie meine Geschichte an, nur dass ich nicht so weit von meiner Freundin entfernt wohnte – und dass es nicht so lange ging.

Vor Kurzem kam er in ihre Stadt, aber auch nach vierundzwanzig Jahren zogen sie nicht zusammen. Beide haben zuvor die Erfahrung gemacht, wie es sein kann, wenn man mit einem Partner zusammenlebt, bei ihm ging die Beziehung gleich in die Brüche. Er mag sich nicht erinnern, was genau damals der Grund gewesen sein könnte. Sie hat es ein paar Jahre lang ausgehalten, bis der aktuelle Freund kam und sie dem Vorgänger ausspannte. Jetzt sind beide überzeugte Anhänger des Nichtzusammenziehens.

Ihre Wohnung, sagt er, sei groß, geradezu riesig, biete aber keinen Rückzugsraum für eine zweite Person. Wenn einer fernsieht, hört der andere unweigerlich mit. Und sie wollen keinen Alltag teilen. Er will nicht mit ihr einkaufen gehen, will nicht warten, bis sie alle Tomaten auf dem Markt gründlich begutachtet hat, um sich endlich für eine zu entscheiden. Nein. Er isst gern, was sie kocht, sie kocht ja toll, aber das gemeinsame Einkaufen ist nicht seine Sache. Wenn sie sich streiten, dann geht es um solche Alltagsdinge, Blödsinn, Kleinigkeiten. Muss nicht sein. Er nahm die Wohnung im Stockwerk unter ihr. Das ist beiden nah genug. Sie wollten sich auch in Zukunft nicht jeden Tag sehen.

Eine irritierende Geschichte, wenn man – so wie ich eigentlich – findet, dass man mit einem geliebten Menschen selbstverständlich zusammenwohnen sollte. Diese Vorstellung mag altmodisch sein. Man hört jedenfalls immer öfter von Paaren, die nicht zusammenwohnen. Aus Überzeugung.

Im Grunde spricht ja auch alles gegen das Zusammenziehen: Die Marotten, die sich jeder im Laufe des Lebens zugelegt hat, man erträgt es einfach nicht, wenn der Partner das Besteck falsch rum in die Spülmaschine stellt oder den Rest Hühnerfrikassee vom Vortag frühstückt. Ein anderer Ordnungssinn, ein unterschiedlicher Musikgeschmack, nicht vereinbare Vorstellungen von Sauberkeit, unüberbrückbare Divergenzen bei der

Suche nach einer gemeinsamen Einrichtung. Morgen-muffel wollen nicht ständig ein schlechtes Gewissen haben, wenn sie sich das Reden vor dem ersten Kaffee verbitten. Meine Freundin stört sich daran, dass sie von mir die Zeitung nicht sauber gefaltet und in der richtigen Seitenabfolge überreicht bekommt. Im Alltags-trott ginge die Erotik flöten, ist eine weit verbreitete Befürchtung. Meine Freundin teilt die. Zuletzt Corona: Virologen und Soziologen äußerten die Vermutung, Deutschland sei auch deswegen vergleichsweise gut durch die erste Welle der Pandemie gekommen, weil es hierzulande mehr Einpersonenhaushalte als in den Nachbarländern gebe – und deswegen auch weniger Ansteckungsmöglichkeiten.

Die Erwägung, ob man zusammenzieht oder nicht, ist natürlich ein Wohlstandsphänomen. Alleinewohnen steht überhaupt nur ohne gemeinsame Kinder ernsthaft zur Debatte, und wenn beide Partner sich eine eigene Wohnung leisten können oder wollen. In Großstädten wie München oder Berlin ist das nur wenigen möglich. Andererseits macht der ständig komplizierter werdende Wohnungsmarkt das Zusammenziehen in einer ge-meinsam gesuchten Wohnung zu einem unkalkulier-baren Risiko, im Falle einer Trennung haben beide das Nachsehen, wenn ein Einzelner sich die größere Wohnung allein nicht leisten kann und beide ausziehen müssen.

Unter der Woche allein wohnen und den Partner abrufbereit fürs Wochenende und die Freizeit zu wissen, liegt offenbar im Trend. Das ist ein neues Phänomen. Zumindest bei Beziehungen, die mehr sein wollen als eine lockere Affäre. Aber warum? Sind wir schwieriger geworden? Egoistischer? Haben wir mehr Macken bekommen und tun uns deswegen heutzutage schwerer mit dem Zusammenwohnen?

Ein Anruf bei Wolfgang Schmidbauer, dem bedeutenden und erfahrenen Paartherapeuten in München, der mit 80 Jahren schon von allen denkbaren Formen des Zusammmenlebens gehört haben muss. Seine eher beruhigende Antwort: »Ich würde nicht sagen, dass wir schwieriger geworden sind, aber individualisierter«, sagt er. »Und von Anfang an durch eigene Räume verwöhnt. Dass ein Kind ab einer gewissen sozialen Schicht ganz selbstverständlich ein eigenes Zimmer besitzt, das gab es früher überhaupt nicht. Früher hat man auch nicht im Hotel, sondern im Wirtshaus auf dem Matratzenlager geschlafen.«

Schmidbauer hält dieses Verlangen nach mehr Platz für kein Zeichen von zunehmendem Narzissmus. »Seit über narzisstische Störungen geforscht wird, zeigt sich kein sonderlicher Ausschlag nach oben. Von einem narzisstischen Zeitalter zu sprechen, halte ich für maßlos übertrieben.«

Okay. Alleinewohnen ist also ein Luxus, den man sich ohne schlechtes Gewissen leisten darf, wenn man ihn sich leisten kann.

Auch er sieht den triftigsten Grund für gemeinsames Wohnen von Paaren im Kinderwunsch: »Ihre Versorgung ist für einen einzelnen Erwachsenen zu stressig, zu zweit funktioniert das viel besser.«

Zu ihm kamen schon oft Paare ohne Kinderwunsch in die Therapie, die nach Jahren funktionierender Fernbeziehung zusammenzogen, aber ein halbes Jahr später nicht mehr miteinander klarkamen, wegen Streits über unterschiedliche Erwartungen oder weil der Sex litt.

Schmidbauers Erfahrung nach fällt älteren Paaren das Zusammenziehen tendenziell noch schwerer, weil sie nicht gut von alten Gewohnheiten lassen könnten und sich nicht mehr so viele Illusionen machten: »Das Schöne an Verliebtheit ist ja diese Idee, dass viel Zusammen auch viel Liebe ist. Früher konnte man den Grad der Verliebtheit an der Höhe der Telefonrechnung ablesen. Aber die symbiotischen Bedürfnisse sind selten symmetrisch: Einer will immer mehr zusammensein, und wie das Paar mit diesen unterschiedlich großen Bedürfnissen nach Freiraum umgeht, ist bei getrennten Wohnungen leichter regulierbar. Dabei bedeutet es ja nicht, dass einer weniger verliebt ist, nur weil er seine eigene Decke im Bett behalten will. Grundsätzlich gilt, dass Zusammmenziehen erst mal Konflikt bedeutet, und diesen Konflikt kann man leichter dadurch vermeiden, Montag früh in den ICE zu steigen, und sich unter der Woche wieder zu regenerieren und auf das Wiedersehen mit dem anderen zu freuen.«

Therapeuten raten Paaren eher nicht zu einer Entscheidung, sondern versuchen, Situationen zu klären, und hoffen, dass ihre Patienten selbst die Entscheidungen treffen, die für sie passen. »Beides hat seine Vor- und Nachteile, das Getrenntleben wie das Zusammenziehen«, sagt Schmidbauer. »Wenn ein Paar keine Kinder will und seine Unabhängigkeit bewahren will, dann finde ich es eine gute Idee, nicht zusammenzuziehen – gut im Sinne von brauchbar. Das Wichtige ist natürlich, dass beide das glauben. Wenn der eine unglücklich mit der räumlichen Trennung ist, weil er denkt, das zeige ja, dass man nicht wirklich verbunden sei, dann sollte man sich im Interesse der Beziehung überlegen, ob man es nicht zumindest einmal ausprobiert.«

Schmidbauer lebt seit fast vierzig Jahren mit seiner Partnerin zusammen; die beiden hatten aber nie ein gemeinsames Wohnzimmer, das ist ihr Trick: »Wir besuchen uns eben in der Wohnung, aber jeder hat sein eigenes Revier. Es ist ja auch schön, wenn man nicht die Umstände hat, sich erst ins Auto oder in den Zug zu setzen oder überhaupt erst ausgehfertig machen muss, um einander zu sehen«, sagt er.

Neulich erzählte jemand im Radio, dass jüdisch-orthodoxe Ehefrauen sich während der Menstruation in ihr eigenes Schlafzimmer zurückzögen. Der Beziehung einen regelmäßigen Rhythmus von Rückzug und erneuter Begegnung zu geben – und natürlich nicht nur sexueller –, ist eine schöne Idee. Gegenseitiges Bemühen und gemeinsam gefundene Rituale erschweren das Abdriften in gedankenlose Routine.

Das Paar mit den zwei Wohnungen übereinander hat die zweite Wohnung nach dem Umzug übrigens kaum benutzt. Er hätte jederzeit runtergehen und die Tür hinter sich zumachen können, allein das Wissen darum genügte den beiden wohl als Rückversicherung.

Ich bin eigentlich immer fürs Zusammenwohnen gewesen. Mit Frauen (wobei ich es erst mit einer versucht habe), mit Freunden, mit Kindern, eigenen und fremden. Nicht weil ich einen gemeinsamen Haushalt praktisch fände, das auch, nicht weil ich nicht allein sein wollte oder könnte, ich muss, immer wieder, aber ich kann das auch mit schreienden Kindern um mich herum, behaupte ich jetzt mal, denn es ist schon eine Weile her. Sondern wahrscheinlich, weil ich eben doch ein altmodischer Familienmensch bin, der seine Liebsten um sich herum wissen will, und tendenziell eher an Viel-zusammen-ist-gleich-viel-Liebe glaube. Aber meine Freundin wollte nicht, und inzwischen weiß ich nicht mehr, ob ich mich jetzt überhaupt noch trauen würde.

Muss es nicht mehr Möglichkeiten des Zusammenlebens außerhalb der klassischen Kleinfamilie oder einer Zweck-WG geben?

3 SONNTAGABEND BIS DONNERSTAGFRÜH
Möbliertes Zimmer bei Henno

Ich weiß gar nicht genau, warum ich zu Henno gezogen bin, Dankbarkeit ihm und seinen Kindern gegenüber war vielleicht ein Motiv, aber es war wohl vor allem eine Mischung aus Neugier und Trotz gegen all die Warner unter meinen Freunden. Auch meine Freundin, die zwar nicht mit mir zusammenziehen wollte, die mich aber in meiner aktuellen WG so gut wie nie besuchte, war sich sicher, dass es nicht gutgehen könne, wenn ich zu einem alten Mann zöge. Dabei mochte sie Henno.

Henno war damals 81 Jahre alt, herzkrank und schnell außer Atem, aber völlig klar im Kopf, als er seine drei Kinder fragte, was sie mit dem großen Haus anstellen wollten, sobald er irgendwann sterben würde. Das Haus liegt am Englischen Garten, in einer der wahrscheinlich teuersten Straßen Münchens, mit einem Garten rundherum. Alle Kinderzimmer im ersten Stock sehen eigentlich noch so aus, wie sie vor mehr als dreißig Jahren verlassen wurden, inklusive Setzkasten mit Nippes an der Wand, überfüllten Schreibtischschubladen, Strahlern an der Decke, wie sie vielleicht einmal in den Siebzigerjahren modern waren. Die Kinder – zwei Töchter, ein Sohn, Welf, mein Schulfreund – waren schon vor langer Zeit aus- und auch aus der Stadt weggezogen. Ich kannte die Familie, seitdem ich vor vierzig Jahren nach München gekommen war und Welf am Gymnasium kennengelernt hatte. Welf lebt heute seit über fünfundzwanzig Jahren in New York, als Musiker, er spielt Saxophon, hat zwei Bands, mit denen er in Clubs, aber auch in der U-Bahn spielt. Ich besuche ihn jedes Jahr. Genauer gesagt: Ich darf bei ihm wohnen, wenn ich für den Job dorthin muss. Wir sind heute bessere Freunde als zu Schulzeiten. Auch zu seinen Schwestern hatte ich immer wieder losen Kontakt, Babette lebt in Berlin, Julia in Tübingen.

Julia ist laut Welf Hennos Lieblingstochter, sie ist Kinderärztin und alleinerziehende Mutter. Sie ist das, was man patent nennt oder mit beiden Beinen im Leben stehend. Babette, die ältere Schwester, ist nachdenklicher und macht sich das Leben immer wieder schwer, sagt Henno. Sie schlug nach dem Studium die Promotion und eine wissenschaftliche Karriere als Psychologin an der Uni aus, um als Sozialhelferin in Berlin-Wedding türkischen Familienvätern zu erklären, dass es keine gute Idee sei, ihre Frauen zu verprügeln. Auch sie ist alleinerziehende Mutter. Zu Hennos Verdruss machen sich alle seine drei Kinder nicht sonderlich viel aus Geld, und das ist wahrscheinlich zu einem Großteil seine Schuld, denn Henno war Geld die längste Zeit seines Lebens wichtiger als seine Familie, behaupte ich mal.

Die längst erwachsenen Kinder also antworteten ihrem Vater, dass sie auch nach seinem Tod nicht zurück nach München ziehen wollten, dass sie ihr Elternhaus aber auch nicht verkaufen oder vermieten wollten, gern würden sie es behalten, um ein, zwei Wochen im Sommer nach München zu kommen. Welf dachte daran, irgendwann einmal zu pendeln und wieder öfter in Deutschland zu sein. Aber davon spricht er schon seit Jahren, länger als drei Wochen im August waren es bisher selten.

Henno schlug zunächst einmal vor, dass seine Putzfrau einziehen könne, damit das Haus nach seinem Tod beaufsichtigt wäre. Henno mochte seine Putzfrau ungemein. Die Kinder mochten sie etwas weniger: Um Gottes willen, dachten alle drei, aber nur Julia sprach es laut aus: Wenn die Putzfrau da wohnen würde, hätte niemand mehr Lust, auf Besuch ins alte Zuhause zu kommen.

Julia war es, die auf die Idee kam, dass ich dort einmal einziehen könnte. Ausgerechnet Julia, zu der ich bis dahin am wenigsten Kontakt gehabt hatte. Sie meinte, ich solle eine Art Hausmeister geben, der nach dem Rechten schaut. Ich könne dort wohnen, müsse keine Miete zahlen, nur die anfallenden Nebenkosten. Henno hielt das für eine gute Idee. Dann fragte Welf ihn, ob er nicht Lust hätte, dass ich jetzt schon zu ihm zöge, wo er noch lebte, denn er sei doch immer ziemlich allein, aber das hielt Henno für keine gute Idee. Fühle mich nicht einsam, brauche keinen Babysitter, so in etwa soll er geantwortet haben.

Welfs Vater kenne ich so lange wie Welf. Ihr Haus war immer ein offenes Haus für mich, schon als Kind, und mit Henno spielte ich gelegentlich Schach. Wann immer ich Welf besuchte, mahnte Henno an, ich solle nicht gehen, bevor wir nicht eine Partie gespielt hätten. Wir spielten auch noch, als Welf längst nach New York gezogen war, sogar in der Zeit, in der Henno und Welf wenig miteinander sprachen, weil der Vater dem Sohn immer noch übel nahm, dass der partout Musiker werden wollte und nicht Anwalt, so wie Henno das einmal studiert hatte und es sich auch für seinen Sohn gewünscht hätte. Dabei trug Henno sicherlich die Hauptschuld an Welfs Musikleidenschaft, der Vater besaß eine Braun-Hifi-Anlage, und eine große Plattensammlung, er kaufte von Pink Floyd bis Keith Jarrett alles, auf was wir als Teenager Ende der Siebzigerjahre neugierig waren. Wir durften im Familienwohnzimmer auflegen, wann und was immer wir wollten.

Zwei Tage nach Welfs Frage, ob ich nicht schon früher einziehen solle, sagte Henno dann, er habe noch mal nachgedacht, das sei doch eine gute Idee. Welf sprach mit mir. Ich fühlte mich geschmeichelt. Ich wollte es mir überlegen. Ich rang drei Monate mit mir.

Mit Welf einmal nach Hennos Tod zusammenzuwohnen wäre überhaupt kein Problem für mich. Wir wissen, dass wir gut miteinander auskommen, auch auf engstem Raum, so wie in Welfs Wohnung in Brooklyn, in der ich, wann immer ich in New York zu tun habe, in der Wohnküche schlafen darf. Sie ist ein Durchgangszimmer, und Welf steht selten vor mittags auf, weil er bis spätnachts irgendwo spielt, was unser Miteinander erschwert, denn ich wache vom Jetlag früh auf und werde früh müde. Wenn er um zwei aus einem Club kommt und um vier ins Bett geht, stehe ich auf. Seine Konzerte habe ich deswegen nur selten besucht. Aber ich fühle mich sehr wohl mit Welf, auch bei Welf. Wir wissen viel voneinander. Kennen gegenseitig unsere wichtigsten Frauen, unsere größten Niederlagen, die Dinge, an denen wir leiden und gegen die wir immer wieder zu kämpfen haben. Wir wissen um die Empfindlichkeiten des anderen, wir können sogar gut miteinander streiten. Und auch wenn wir mal Monate lang nicht miteinander gesprochen haben, wissen wir, wo wir das letzte Mal stehengeblieben waren. Wir können gemeinsam kochen, und das ist für mich eigentlich die wichtigste Voraussetzung, um mit jemandem gut zusammenleben zu können. Wenn man gemeinsam kochen kann, klappt auch alles andere. Ja, mit Welf würde ich jederzeit gern zusammenwohnen.

Aber mit Henno? Ich mochte ihn. Er allerdings interessierte sich all die Jahre wenig für mich, er respektierte mich, weil ich einen passablen Schachgegner für ihn abgab. Ich spielte um einiges besser als Welf, Henno musste sich anstrengen, um mich zu schlagen. Mit der Zeit immer mehr. Er passte mich all die Jahre regelrecht ab, wenn ich Welf besucht hatte. Henno bot mir schon als Teenager großzügig seine Zigaretten und seinen Wein und seinen Kühlschrank an, aber er fragte mich nie irgendetwas, was nichts mit Schach zu tun gehabt hätte.

Ich lernte ihn als 15-Jähriger kennen. Er duzte mich, ich siezte ihn, auch als ich mitbekam, dass andere Freunde von Welf ihn duzten. Ich traute mich nicht. Ich dachte, ich müsse warten, bis er das Du anbietet. Ihm war das völlig gleichgültig. Also vermied ich jahrzehntelang die direkte Ansprache. Er hat mir das Du auch später nie angeboten. Irgendwann wurde es mir zu anstrengend, die direkte Anrede zu vermeiden, und ich ging zum Du über. Auch davon nahm er keine Notiz. Ihn interessierte allein, wie er endlich mein Königsgambit auf dem Brett widerlegen könnte. Er lernte es nie. Diese Eröffnung mit Weiß war unsere unendliche Partie, die uns nie langweilig wurde. Henno verfluchte mich des öfteren, weil er nie herausfand, warum das Königsgambit bei Großmeistern eigentlich als widerlegt galt. Er liebte die intellektuelle Herausforderung, war geduldig und hartnäckig, rauchte manchmal ein, zwei Zigaretten, bevor er endlich zog. Schach war für ihn weniger ein Spiel als Übung fürs Leben. Denn so lebte er: Im Glauben, alles rational durchdringen zu können und sich erst nach reiflicher Überlegung für einen Zug zu entscheiden.

Natürlich war er mir, was Geduld und Disziplin anging, überlegen. Meistens gewann er drei von vier Partien, zumindest die ersten dreißig Jahre. Seinen Glauben an die Macht der Vernunft teilte ich auch nie. Ich glaubte nicht einmal daran, dass man den Verlauf einer Schachpartie über mehrere Züge hinaus durchrechnen könne. Genausowenig konnte ich voraussehen, ob das mit uns beiden in einer WG hinhauen würde.

Einen richtigen Umzug wollte ich mir nicht zumuten, dazu schien mir das Angebot von Henno zu unwägbar, vielleicht war mir auch die Abhängigkeit von seiner Gunst ungeheuer. Ich überlegte, ob es mir etwas ausmachen könnte, nicht in den eigenen Möbeln zu leben. Auf Dauer sicherlich, aber mit Möbeln umzuziehen war mir zu viel Aufwand. Also wenn überhaupt, möbliertes Zimmer, erst mal nur mit drei Koffern und Aussicht auf mehr nach dem Ableben des Mitbewohners. So wie als Student einmal in Berlin für zwei Jahre, in denen ich alle drei, vier Monate umzog. Vielleicht erst mal unverbindlich und schauen, wie das so geht?

Henno weigerte sich sein Leben lang, Schach mit Uhr zu spielen, ich bin zu ungeduldig, um über einen Zug eine halbe Stunde nachzudenken, so wie er das im Zweifel machte. Ich war lange Zeit meines Lebens eher ein zögerlicher, nachdenklicher Mensch, aber beim Schach bin ich schon immer impulsiv gewesen und entscheide mich schnell. So wollte ich das nach drei Monaten reiflicher Überlegung, die zu keinem Entschluss geführt hatte, schließlich auch bei Hennos Vorschlag handhaben.

Mein Freund Jan wollte im Oktober aus der gemeinsamen WG ausziehen, weil er nach Berlin ging. Ich dachte, wenn Jan geht, wird es eh ganz anders in meiner WG, dann kann ich auch gleich was ganz Neues ausprobieren. Henno wollte keine Miete von mir. Ich behielt mein altes WG-Zimmer, falls es aus irgendeinem Grund schiefgehen sollte mit ihm, könnte ich einfach wieder ausziehen, ohne dass mir irgendjemand böse wäre. Und so zog ich also bei Henno mit drei Koffern und meiner Bettdecke ein.

Erstaunlich, was man alles nicht braucht, von dem man denkt, dass man es ganz dringend benötige, um sich zu Hause zu fühlen. Bücher reichen drei, vier zur Auswahl. Computer, klar. Wäsche zum Wechseln, erst mal nur die Wintersachen. Sportklamotten, aber Bilder, Fotos, Steuerunterlagen, Sommerschuhe, Jacketts und ein paar Anzüge braucht man erst mal nicht.

Ich suchte mir Babettes Zimmer aus. Hintenraus, mit großer Balkontür. Ein verstaubter Fernseher stand auf einer Kommode, in die Henno Briefwechsel mit irgendwelchen Tanten und Geschäftsberichte aus den frühen Siebzigerjahren gestopft hatte.

In den Schreibtischschubladen hatte Babette alte SZ-Magazine, Schularbeiten und -hefte und Zeichnungen hinterlassen. Im Kleiderschrank befanden sich Bettwäsche, Handtücher und von ihr handgefertigte Tonfiguren. Der Vorhang weiß, der war okay. Die Madonna aus Porzellan neben der Balkontür und den Fernseher schleppte ich in den Keller.

Die ehemaligen Kinderzimmer befinden sich alle im ersten Stock, gemeinsam mit Ankas Zimmer, das der verstorbenen Mutter. Auf dem Klavier im ersten Stock liegen Noten, die kein Mensch die letzten dreißig Jahre angefasst hat. Zwei Bäder, die Fliesen hellbraun mit Ornamenten drauf. Der Hahn an der Badewanne im größeren Bad ist verkalkt, Wasser kommt keines mehr durch. Hier hat auch seit dreißig Jahren niemand mehr ein Bad genommen. Daneben steht Hennos altes Faxgerät, er hebt es dort für seinen Freund Mutze auf, der vor Jahren einmal gesagt haben soll, er könne es gut gebrauchen. Auch eine kaputte Lampe liegt neben der Badewanne. Im ganzen Haus Auslegeware, hellbraun. Im Laufe der vergangenen fünfzig Jahre, die das Haus existiert, wurde sie bestimmt einmal ausgewechselt, keinesfalls öfters. An der Treppe ein Lift mit Stuhl, Anka hat den in ihren letzten beiden Lebensjahren gebraucht. Die Akkus sind leer. Der Stuhl macht die Treppe eng. Das Wohnzimmer unten ist riesig. Der Kamin war immer das Lagerfeuer der Familie, um das sich alle regelmäßig versammelten. Kinderbilder hängen über dem verschlissenen Sofa. Zwei hat Welf gemalt. Eine selbstgebastelte Marionette baumelt über dem Glastisch vor dem Sofa. Über dem Kamin eine Metallplastik, die ein Gesicht zeigt, Henno will sie auf dem Trödel in New York gekauft haben, oder hat Welf ihm die mal mitgebracht? Neben dem Kamin ein chinesischer Wandteller, von dem es nach Hennos Tod einmal heißen wird, er sei 30 000 Euro wert. Die Bücherregale sind überfüllt. Neben Reiseführern aus den Siebzigerjahren stehen Klassiker, Krimis, eine DVD-Sammlung, ein paar Schachbücher, jede Menge Bildbände. Davor der Fernseher und ein kleiner Baststuhl, auf dem Henno tagsüber die Börsenkurse auf dem Teletext verfolgt und nachts auf Arte Dokumentationen über den Zweiten Weltkrieg schaut. Daneben ein Beistelltisch für den Aschenbecher, die Zigaretten, das Weinglas und die Fernbedienung. Manchmal schaut er bis vier Uhr morgens und steht erst um elf Uhr vormittags auf. Er ärgert sich dann über sich selbst, weil er den folgenden Tag verbummelt, andererseits, was hat er schon zu tun? Die Korrespondenz aufarbeiten, sagt er. Alte Briefe der Mutter lesen, Akten aus seiner Zeit bei der Bank. Henno lässt sein Leben Revue passieren. Und das macht er gewissenhaft. Bloß wofür oder für wen?

Henno wohnt unten im Erdgeschoß, gleich neben dem Eingang hat er sein kleines Zimmer. Vielleicht damit er früher unbeobachtet ein- und ausgehen konnte. Seit sieben Jahren und dem Tod seiner Frau lebt er allein. Er ist dennoch nicht hoch in eines der größeren Zimmer im ersten Stock gezogen. Der Schreibtisch ist voll, auf dem Kleiderschrank Papiere, auf dem Boden in der Ecke Aktenordner. Vor dem Schreibtisch steht eine kleine Holzbank, auf der Henno kauert, wenn er seine Bankauszüge kontrolliert, die ich ihm alle drei Wochen bei seiner Filiale im vom Haus weit entfernten Schwabing ziehen muss. Ich stehe da dann immer 15 Minuten, bis alle ausgedruckt sind. Die Welt würde es sicherlich nicht kosten, sich die Auszüge zuschicken zu lassen. Henno will das nicht. Das heißt, ich mache ihm erst gar nicht den Vorschlag. Er ist eben ein bisschen altmodisch und bei einigen Dingen sparsam.

Hennos Hausregeln sind großzügig: »Mein Kühlschrank ist dein Kühlschrank, und mein Wein deiner. Und ich bin nicht verschämt, sondern laufe hier morgens erst mal in der Unterhose ins Bad. Und wenn uns was stört am anderen, dann sagen wir es uns.«

Ich ging einkaufen und kochte genau zweimal für uns. Nicht, dass ich mich extra blöd angestellt hätte, mein Kichererbsen-Curry, das er aß, war ihm nicht zu scharf, aber Kichererbsen, sagte er, seien nicht seine Sache. Einmal machte ich noch Bolognese, aber ich köchelte sie nicht drei Stunden lang, so wie Henno das mochte, ich schmiss auch ein paar Paprika rein, das mochte er überhaupt nicht, und ab da kochte Henno immer für uns beide.

Henno war spargeldünn. Er ernährte sich eigentlich von Weißwein. Seit seinem Ruhestand vor zwanzig Jahren mit Anfang sechzig trank er schon ab dem späten Vormittag. Ich erlebte ihn nie, nein, sagen wir lieber ganz selten betrunken, denn er vertrug ohne Weiteres zwei Flaschen täglich. Aber er aß zu wenig, zu selten. Wenn er für mich kochte, dann konnte ich sicher sein, dass er auch aß, wenigstens einmal am Tag, und so ließ ich ihn gewähren. Henno kochte gut. Scharf, sauer, immer mit einem Schuss Sojasauce, auch im Salat. Und Worcestershire-Sauce, er war der einzige Mensch, den ich kannte, der das Zeug noch benutzte. Er verwendete wenig Knoblauch und Zwiebel, und er kochte für meinen Geschmack zu viel Schweinefleisch, aber ich mochte sein Essen. Und ich mochte seinen Wein: Weißwein, Südafrika, Italien, Spanien. Nach meinem Einzug bestellte er auch Rotwein für mich. Sein Weinhändler lieferte immer gleich sechs Kartons, die ich am Abend in den Keller verräumte. Die leeren Flaschen brachten abwechselnd die Putzfrau und ich zum Container.

Henno war sicherlich vermögend, aber er kaufte selten eine Flasche, die mehr als acht oder zehn Euro gekostet hätte. Alte Gewohnheit. Kriegsgeneration. Henno war Jahrgang 1938, und seine Mutter hielt ihn und seine beiden Schwestern kurz, nachdem der Vater sich abgesetzt hatte. Henno duschte bis ins hohe Alter kalt. Und er warf Lebensmittel nur weg, wenn es wirklich nichts mehr zu retten gab. Auch hartes Brot nicht. Wenn man es nicht besser wüsste, hätte man Henno für einen Geizkragen halten können. Aber er war sparsam aus Gewohnheit und weil er es für richtig hielt. Nie ließ er einen Fettrand vom Fleisch übrig, so wie ich das mache. Henno hatte seine Prinzipien, aber er verzichtete darauf, mich erziehen zu wollen. Ich rauche manchmal abends eine Zigarre. Er bot mir an, im Wohnzimmer zu rauchen. Ich nahm das ganz selten an – nur wenn wir Schach spielten –, sondern stellte mich lieber in die Tür zum Garten, auch im Winter.

Sonntagabend bis Donnerstagfrüh wohnte ich bei ihm. Das lange Wochenende verbrachte ich bei der Freundin. Hennos erste Frage am Abend unter der Woche: War es ein erfolgreicher Tag? Ich: Wie meinst du das? Er: Warst du produktiv? Ich: Ach, nicht so. Wir haben wieder eine Konferenz gehabt, und dann hat eine Menge wieder nicht hingehauen. Und du so? Henno: »Hab wieder den Tiger geritten.« Oder: »Meine Pferdchen haben 20000 gebracht.« Oder: »Ein langweiliger Tag. 2000.« Dann machte er meist eine kleine Pause, bevor er die Spannung auflöste: »Rauf«, hieß es dann meistens. 2000 runter fand er auch nicht besonders aufregend.

Henno spekulierte an der Börse. Aber old-school-mäßig über das Telefon, Festnetz, nicht am Computer. Morgens setzte er sich mit einer kalten Tasse Filterkaffee vom Vortag, schwarz ohne Zucker, vor den Fernseher und las erst mal Teletext. Und wenn er glaubte, eine interessante Nachricht gefunden zu haben, die sich irgendwie auf den Aktienindex auswirken und die er gewinnbringend ausnutzen könnte, dann rief er seinen Banker an und gab ihm Order zu kaufen oder zu verkaufen, und wettete dann auf steigende oder fallende Kurse. Der erste Anruf erfolgte selten vor dem ersten Glas Wein. Die Bankregularien verlangten, dass der Banker immer erst zurückrufen und sich die Order bestätigen lassen musste, das dauerte alles mindestens fünf Minuten, eine Ewigkeit, in der die Börse schon längst wieder eine ganz andere Richtung eingeschlagen haben könnte. Henno wusste das, er nahm es billigend in Kauf, er weigerte sich, beim Aktienhandel mit modernerer Technik umzugehen. Henno hatte einen Computer, aber er wollte nicht damit arbeiten, er wollte spielen, wollte die Bestätigung seines Bankers hören. Sein Raunen, sein zustimmendes Murmeln, sein bedenkliches Luftholen. Henno kam es nicht vordringlich aufs Geldmachen an, er wollte sich unterhalten. Der vormittägliche Anruf bei der Bank war eigentlich schon der Höhepunkt des Tages. Henno hatte ins Börsengeschehen eingegriffen, er hatte gehandelt, ab Mittag galt es, zuzusehen, wie die Dinge sich in Frankfurt, London, New York und Tokio entwickelten. Manchmal bot das Unterhaltung bis in die tiefe Nacht, bis in New York der Nasdaq schloss.

Wenn er den Tiger ritt, dann investierte er meist viel Geld in Calls und setzte auf fallende Kurse eines Unternehmens zu einem bestimmten Zeitpunkt in der Zukunft. An einem langweiligen Tag legten seine Aktien unerheblich zu, wobei unerheblich meist mein Monatsnettogehalt bedeutete. Manchmal verlor er. Aber vor Corona hatte Henno einen besonders guten Lauf. Thomas Cook verkaufte er kurz vor der Pleite, und eine chinesische Software-Firma kaufte er kurz vor ihrem plötzlichen Aufstieg. Wirecard erwischte ihn später wie viele andere kalt. Corona auch. Er verpasste es, rechtzeitig zu verkaufen. Verkaufte dann aber doch und kaufte die falschen Aktien wieder zu früh. Er hielt durch, bis die Kurse ohne ersichtlichen Grund den alten Höchststand erreichten.

Er sah sein eigenes Treiben zwiespältig. »Ich bin eine Heuschrecke. Ich arbeite ja nicht. Ich spekuliere. Und die Börse ist wie Roulette. Wie kann es sein, dass ich Gewinn mache, wo die Fondbetreiber so viel schneller sind als ich und über viel mehr Informationen verfügen? Manchmal habe ich einen guten Riecher, aber meist ist doch viel Glück dabei, so schlau kann ich gar nicht sein. Heute habe ich 5000 gewonnen, morgen bin ich vielleicht 8000 im Minus, weil der Nasdaq den Trend vorgibt. Spekulieren ist eine Sucht wie Wein und das Rauchen. Ein Spiel, auch wenn ich die Gewinne nicht realisiere. Es ist pervers, aber andererseits: Warum sollte ich nicht teilnehmen, wenn die Gesellschaft solche Spielregeln erlaubt?«

Ich lernte einiges über die Börse in dem halben Jahr bei Henno. Es gefiel ihm, wenn ich ihn etwas fragte, noch mehr, wenn ich seine Einschätzung der politischen Lage in Syrien oder den USA wissen wollte. Wollte ich zwar eher nicht, aber ich fragte ihm zuliebe.

Henno kannte sich gut aus in der Welt. Nach dem Jurastudium hatte er bei einer Sparkasse gearbeitet, dort deren Geld an der Börse angelegt und ein Reisebüro für die Bankkunden gegründet. Eine eigene Abteilung mit vierzig, fünfzig Mitarbeitern, die gemeinsame Reisen organisierte. Mit dem Schiff durchs Mittelmeer, mit Jeeps durch die Sahara, mit dem Zug durch China. Nach Griechenland, Israel, Japan, Russland, die USA. Henno liebte das Reisen, und er war stolz auf seine Abteilung. »Ich war immer der Vorturner für mein Team. Alleinerziehende Mütter habe ich immer bevorzugt, das haben viele nicht verstanden. Aber die waren zuverlässig. Hat mich nie eine enttäuscht«, erzählte er mir. Auch dass er nie gegen den Widerstand seiner Angestellten jemanden eingestellt hätte. Henno war immer noch stolz auf seine Karriere, auf das, was er aufgebaut hatte und was es längst nicht mehr gab. Und er war stolz auf das Haus, das er für die Familie gebaut und abbezahlt hatte. Es sah auch noch genauso aus, wie er es gekauft hatte: Alte Tapeten und Fliesen, das Designersofa aus den Siebzigerjahren gab es auch noch, nur seine Braun-Stereoanlage hatte irgendwann den Geist aufgegeben und wurde neu ersetzt. Henno leistete sich erst einen neuen Kühlschrank, als der alte sich einige Wochen partout nicht mehr schließen ließ. Henno war wirklich sehr sparsam. Er schenkte notleidenden Freunden oder der Putzfrau oder seinem alten ägyptischen Wüstenführer und einmal sogar dem Pfarrer Geld, obwohl er mit der Kirche gebrochen hatte, aber er lief in teilweise vierzig Jahre alten Hosen und Hemden und Turnschuhen rum.

Er wollte unbedingt, dass sein Haus erhalten bliebe. So, wie er es einmal eingerichtet hatte. Er wollte, dass ich mich wohlfühlte bei ihm, er hoffte sicherlich, das würde die Chancen für den Erhalt des Hauses bei seinen Kindern erhöhen. Zum ersten Mal interessierte er sich für mich. Er fragte nach meinen Kindern, nach der Freundin. Ich fühlte mich wohl bei ihm. Er hörte gute Musik, Jazz, französischsprachigen Rock, afrikanische Wüstenbands. Henno war cool.

Sonntag bis Donnerstag führte ich ein Studentenleben. Erstaunlich, wie wenig man braucht, auch als erwachsener Mensch, und wie viel man zu Hause aufbewahrt. Drei Hosen sind immer noch eine mehr als nötig. Und wenn mir partout was fehlte, holte ich mir es aus der WG. Bei Henno im Haus musste ich mich um wenig kümmern. Er bestellte das Holz für den Kamin und bezahlte den Dachdecker. Er verteidigte mich auch vor der Putzfrau, die einmal die Woche zu uns kam und meine Teeflecken in der Spüle verfluchte. Einmal die Woche ging ich für uns einkaufen. Einmal im Monat holte ich für Henno bei seiner Bank die Bankauszüge und Geld. Ich nahm mir gern die Zeit. Ich las ihm die Briefe seiner Enkelin vor, seine Augen ließen ihn im Stich. Die Zeitung, meine Zeitung, die er immer noch abonniert hatte, konnte er längst nicht mehr lesen. Er bestellte sie nie ab. Vielleicht sähe er die Kündigung als Eingeständnis an, alt zu werden, nein, alt zu sein.

Bevor ich abends das Büro verließ, rief ich an, ob wir irgendetwas bräuchten. Henno hatte meist schon gekocht. Manchmal aßen wir zusammen, manchmal nicht. Henno saß vorm Fernseher und erwartete in der Regel keine Unterhaltung oder Ansprache durch mich. Aber etwa einmal die Woche nahm er sich ein Konversationsthema vor. Sprach mit mir über Dürrenmatts *Besuch der alten Dame*, das Buch erinnerte er minutiös. Vielleicht erkannte er sich insgeheim wieder in den Dorfbewohnern, die aus Geldgier einen Mord begingen. Henno gab mir zu verstehen, dass er Geld viel zu lange für zu wichtig erachtet hatte. Eigentlich bis zum Tod seiner zwölf Jahre älteren Frau sieben Jahre zuvor. Am Totenbett seiner Frau reichte er auch seinem Sohn die Hand und wurde augenblicklich ein anderer Mensch. Einer, der sich für andere interessiert und nicht mehr alles besser wissen will. Henno wandelte sich zum Besseren.

An einem Abend wollte er von mir wissen, mit wie vielen Frauen ich verkehrt hätte, so nannte er das. Henno hatte etliche Affären während seiner Ehe, Anka, seine Frau, hatte das laut Aussage ihrer Kinder immer geduldet, aber sicher nicht gern gesehen. Die Affären blieben lange ein Geheimnis vor den Kindern, bis eine Tochter den Vater mit der bis dahin besten Freundin der Mutter auf der Wohnzimmercouch erwischte und die andere Tochter krank wurde. Daraufhin gingen alle zur Familientherapie, und die Ehe hielt bis zum Schluss. Die Kinder verließen aber alle fluchtartig die Stadt, die Töchter gleich nach dem Abitur, Welf reichte es erst mal, sich in München ein Zimmer woanders zu suchen. Es gab Spannungen, aber die Familie hielt. Alle telefonierten regelmäßig miteinander, und Weihnachten oder im Sommer kam man in München zusammen. Auf mich machte die Familie immer einen intakten Eindruck, trotz allem.

Henno pflegte die bettlägerige Anka zwei Jahre lang in den Tod, und die Kinder vergaben dem Vater sein egoistisches Verhalten zuvor, so nannte es Julia einmal. »Aber warum nur hat er sich so spät erst für uns interessiert?«

Ich fragte Henno nicht im Gegenzug, mit wie vielen Frauen er Sex gehabt hatte. Er erzählte es auch nicht von sich aus. Ich bilde mir ein, er schämte sich, weil seine Zahl so viel höher gewesen war als meine. Aber vielleicht bin ich auch zu naiv und er wollte mich nicht beschämen.

An einem anderen Abend erzählte Henno mir von seiner strengen Mutter, unter der er und seine beiden Schwestern ein Leben lang gelitten hätten und die ihnen immer den Vater vorenthalten habe. Er hätte seinen Frieden mit ihr gemacht, die jüngere Schwester bis heute nicht. Die ältere Schwester war früh verstorben. Bei seinen Töchtern verstand er nie, warum sie sich so komplizierte Väter für ihre Kinder ausgesucht hätten, einen Vorwurf hat er ihnen deswegen nicht gemacht, soweit ich das beurteilen kann. Eines Abends kam ich nach Hause, und er war am Boden zerstört, weil er sich mit der älteren Tochter gestritten hatte. »Streit ist so unsinnig. Ich wollte ihr doch nur einen Rat geben.« Es ging um ein geplatztes Wasserrohr bei Babette. Der Vater wusste wieder einmal besser, was zu tun wäre im Streit mit der Hausverwaltung um die anfallenden Kosten. Er war ja gelernter Anwalt.

Henno erzählte von den Bomben, die er als Kind auf den Acker hat fallen sehen, vom ersten Kriegstoten, und er erzählte von seinen Roulette-Abenteuern als junger Student, mit denen er sich ein Zubrot verdiente, von seinem Aufenthalt beim ersten Job in London.

Er wollte mit mir unbedingt noch einmal nach Bad Wiessee ins Spielkasino fahren, gern auch mit meiner Freundin, ich war zögerlich, sagte, dass ich wegen meines leiblichen Vaters, der Spieler war, Kasinos mied und außerdem schon genügend Schulden wegen meiner Scheidung hätte. Henno gab nicht auf, sagte, er würde mir und der Freundin jeweils etwas Spielgeld zustecken. Wir verschoben unseren Ausflug drei, vier Mal. Ich wäre so gern mit ihm noch nach Bad Wiessee gefahren. Es kam nicht dazu.

In dem halben Jahr bei ihm beschlich mich allmählich das Gefühl, Henno wollte bei mir eine Art Lebensbilanz ziehen, wollte Beichte ablegen, wollte seine Ängste mitteilen und all das, was man von ihm in Erinnerung behalten sollte. Er erzählte es mir als jemandem, von dem er sicher sein konnte, dass ich eines Tages mit seinen Kindern darüber sprechen würde. Und es gefiel ihm, dass ich über uns schreiben wollte.

Im Nachhinein erkannte ich seherische Fähigkeiten in ihm. Eines Abends sagte Henno, dass er manchmal über sich selbst erschrecke, wenn er beispielsweise denke, dass eine Epidemie der Menschheit nur guttun würde. Es gäbe zu viele von uns, der Planet könne sich nicht mehr wehren gegen den Menschen, deswegen müssten wir begrüßen, wenn ein Virus die Menschheit heimsuchen würde, und der käme gewiss. »Muss ich mich deswegen schlecht fühlen, weil ich so denke? Ich fühle mich schlecht, aber finde es trotzdem wünschenswert, dass so etwas passiert. Bin ich ein schlechter Mensch, Lars?« Das erzählte er im November vor dem ersten Corona-Frühling.

Einmal erwähnte ich beiläufig, meine Schwester wolle uns mal besuchen, sie würde gerne sehen, mit wem ich da zusammenlebte, das sei ja ziemlich ungewöhnlich.

»Warum soll das ungewöhnlich sein?«, fragte Henno. »Finde ich gar nicht.«

Meine Schwester Minki und ihr Freund kamen zum Essen. Henno ließ es sich nicht nehmen, für sie zu kochen. Rafael hatte eine Flasche Rotwein mitgebracht, wir tranken sicherlich sechs. Am Ende des Abends saßen wir am Kamin, sangen französische Chansons und lachten, weil die Musik viel zu laut war, um sich weiter zu unterhalten.

Henno mochte meine Kinder, meine Freundin und deren Kinder, ihre jüngste besonders, aber Carla lieben ohnehin alle. Er rief mich regelmäßig am Wochenende an, wenn ich bei ihnen war und nicht bei ihm, erkundigte sich nach allen. Er gab mir das Gefühl, zur Familie zu gehören. Wir wurden Freunde. Er erkundigte sich nach meinen Problemen mit der Freundin genauso, wie er es bei Welf tat. Henno mochte unsere Freundinnen.

Welf hatte Swetlana einen Sommer mit nach München gebracht. Henno war beeindruckt, wie Welf um sie kämpfte. Henno meinte, sein Sohn hätte nie zuvor um eine Frau gekämpft. Jahrelang ging das nun schon so. Swetlana schickte Welf weg, um ihn nach ein, zwei Wochen wieder zu sich zu rufen. Welf ist ein duldsamer Mensch, und ich kann mir kaum einen liebevolleren und treueren Freund für eine Frau vorstellen als ihn. Er telefoniert heute noch mit einer seiner Exfreundinnen einmal die Woche.

Henno erteilte uns beiden Ratschläge. Er sagte, wir sollten nachsichtig mit unseren Freudinnen sein, uns um Verständnis bemühen. Welf und ich hatten ein ähnliches Problem: Beide hatten wir das Gefühl, nicht so geliebt zu werden, wie wir das selbst taten, Welf allerdings in einer ganz anderen Dimension als ich. Henno, der alte Macho, der Ehemann mit den vielen Affären, sagte, wir sollten nicht aufgeben, hartnäckig bleiben, verzeihen, Verständnis aufbringen.

Dann kam Corona. Henno hatte Angst, verständlicherweise, denn eines war klar: Mit einer angegriffenen Raucherlunge und Herzrhythmusstörungen und seiner schlechten physischen Verfassung war er potenzieller Höchstrisikopatient. Ich zog sofort aus, zurück in meine alte WG, zu Astrid, Li und damals auch noch Mike.

Etwa ein Dreivierteljahr ging ich für ihn noch einkaufen und zur Bank. Übergabe der Lebensmittel und Bankauszüge in der Regel an der Tür, wir unterhielten uns nur kurz. Ich mied es, zu ihm ins Haus zu kommen. Erst im folgenden Herbst ließen wir alle Abstandsgebote außer Acht und hatten noch zwei lange Schachabende. Als Henno dafür den Wein aus dem Keller holte, musste er sich unten auf der Treppe kurz ausruhen. Wir spielten fünf wunderbare Partien. Ich gewann vier davon. Henno war zerknirscht, aber er hatte zäh bis zum Ende der Partien gekämpft. So kannte ich ihn ein Leben lang.

Als er ins Krankenhaus ging, um sich Stents setzen zu lassen, gab er schneller auf. Die Operation wurde zweimal verschoben. Beim ersten Mal schien er zu schwach, beim zweiten Termin gab es Corona-Alarm auf der Station. Henno durfte nicht rauchen im Krankenhaus und auch nicht trinken, einmal bat er mich, ihm drei Flaschen Wein fürs Wochenende hineinzuschmuggeln. Ich sollte sie mit seinem Schachbrett und einem Schachbuch im Rucksack hoch aufs Zimmer schicken. Ich machte das, ohne seine Kinder zu fragen. Die Ärzte schimpften, als die Schwestern die leeren Flaschen entdeckten. Aber der Eingriff in der folgenden Woche verlief gut, selbst eine neue Herzklappe bekam er, nach sechs Wochen im Krankenhaus fühlte er sich jedoch zu schwach, um anschließend in die Reha zu gehen. Er sagte am Telefon, wir würden uns jetzt wohl nicht mehr sehen. Er sagte: »Kann man nichts machen.« Er war kurz angebunden, so als hätte er sich schon auf den Weg gemacht.

Er wollte nur mehr nach Hause, um zu sterben. Die Töchter holten ihn. Zehn Tage lag er dort im Bett, in Ankas Bett im ersten Stock. Alle Kinder konnten sich von ihm verabschieden, Welf schaffte es rechtzeitig aus New York. Ich kam auch.

Meine große Tochter glaubt, ich hätte aus Nächstenliebe bei ihm gewohnt oder hätte das aus Freundschaft zu Welf gemacht. Stimmt nicht. Ich habe die Zeit mit ihm sehr genossen, und bin sehr dankbar für das halbe Jahr, in dem er mir sein Leben erzählt hat, auch dankbar für die Erfahrung, wie leicht es doch sein kann, mit alten Menschen zu leben.

Ich fahre sein Auto, die Kinder wollten es so. Henno hat es geliebt. Es war verbeult am Unterboden und hinten, das vordere Nummernschild war abgefallen und lag nun hinter der Frontscheibe, dabei hatte er vor nicht allzu langer Zeit schon einen Totalschaden reparieren lassen, den er selbst verursacht hatte. Henno hat zuletzt viel zu schlecht gesehen, um sich noch ans Steuer zu setzen. Vor Corona ist er mit seinem Auto allenfalls noch zum Schach gefahren, in ein Lokal 400 Meter von seinem Haus entfernt. Er wollte sich von seinem Auto nicht trennen. Mein altes Auto nannte er scherzhaft den roten Blitz. Seines ist wirklich schnell. Es riecht noch nach seinen Zigaretten.

Babette und Welf würden das Haus immer noch gerne halten, Julia wäre es gern los. Sie boten mir zwei Jahre an, in denen ich dort wohnen könnte und nur die Unterhaltskosten zahlen müsste. Zwei Jahre sind mir zu kurz, um mein Haus zu vermieten und mich bei Henno einzurichten. Sechs Monate ist Henno jetzt tot. Welf versucht Julia zu überzeugen, das Haus länger zu halten, damit ich hinziehe. Ich glaube, ich suche nach einer anderen Lösung.

4 »WIR-PROZESSE«
Wolfgangs alternative Dorfgemeinschaft

Zurück in der WG. Mehr als zwanzig Jahre lebe ich in
dem Viertel im Münchner Süden, in einer alten kleinen
Arbeitersiedlungsreihe aus den Dreißigerjahren. Keine
Villa, Reihenhaus. Die Häuser sind sogenannte Vier-
spänner, vier Häuser teilen sich einen kleinen Innenhof
und haben jeweils einen kleinen Garten vorne- oder
hintenheraus. 66 Quadratmeter Wohnfläche, 33 im Keller, den viele Nachbarn ausgebaut haben. Ich wohne im
Eckhaus, wir konnten anbauen, 35 Quadratmeter zu-
sätzlich, zum Garten hin noch mal zehn Quadratmeter
Wintergarten. Ich habe das meiste selbst gestrichen, den
Holzboden im Anbau durfte ich nicht selbst verlegen,
das hat mir meine damalige Frau verboten. Ernsthaft
verboten. Und ich habe es mir gefallen lassen. Auch
meine Schwester hat meiner späteren Freundin gesagt:
»Lars ist ein wunderbarer Mann, aber lass ihn nie irgendetwas in der Wohnung reparieren.«
　Immerhin durfte ich im Keller den Boden verlegen.
Und streichen, zumindest da, wo es mir meine Frau
erlaubte, an den Wänden, die einem Besucher nicht auf
den ersten Blick ins Auge fielen. Ich mochte das Heimwerken, und vielleicht mag ich deswegen das Haus bis

heute. Nach zwanzig Jahren ist vieles schon wieder renovierungsbedürftig. Die Fliesen auf der Terrasse sind gesprungen. Der Garten war verwildert, bis Astrid sich seiner erbarmte und das Nötigste erledigte, Bäume beschnitt, die Gartenmöbel reparierte. Die Eingangstür ist noch immer die gleiche hässliche aus mattem Sicherheitsglas, wie es in den Siebzigerjahren modern war. Früher fehlte uns das Geld, sie auszutauschen. Heute habe ich die Lust am Heimwerken und am Schöner-Wohnen weitgehend verloren.

Das Ehepaar in meiner Nachbarschaft streitet sich immer noch so heftig wie seit jeher. Gegenüber wohnt ein lesbisches Paar, deren Haus jedes Wohnmagazin schmücken würde. Ihr Rasen wird mit einem Mähroboter geschnitten. Sie lassen es sich nicht anmerken, aber jede Wette, dass sie mich und unsere WG insgeheim gerne woandershin wünschten. Wir sind die einzige WG in der Straße und vielleicht auch im ganzen Stadtviertel, das zu den guten Vierteln in München gehört, was immer das auch heißen mag. Neben uns ein junges Paar mit Kindern, sie begrüßt mich nach dem Auszug bei Henno mit den Worten: Schön, dass du wieder öfter da bist. Ich traue mich nicht zu erwidern: Schön, dass du neben mir wohnst. Vier Höfe weiter lebt Helmut, er zeigt deutliche Anzeichen von Altersdemenz, er erkennt mein Gesicht, bleibt stehen und fischt verzweifelt in seinem Hirn nach meinem Namen oder dem meiner Kinder. Es gelingt ihm oft nicht mehr. Ob es dem Dings gut ginge? Manchmal gehe ich ihm aus dem Weg. Ich will uns solche Begegnungen ersparen, vielleicht bin ich auch nur zu feige, um die Situation auszuhalten und um ihm beizustehen. Die Nachbarn auf der anderen Straßenseite sind weggezogen. Ich habe sie zwanzig Jahre lang gegrüßt, aber wir haben uns nur einmal über unsere beiden alten Volvos unterhalten. Ich bin ein bisschen beleidigt, dass sie sich bei mir nicht verabschiedet haben. Hatte ich ja auch nicht, als ich zu Henno zog. Will man Nachbarn haben, von denen man nur das Allernötigste weiß? Oder wäre ich ihnen gern näher? Wie in einem Dorf auf dem Land, in dem jeder jeden kennt, vom Stammtisch, vom Bäcker, vom Kindergarten? Oder ist mir die städtische Distanz ganz recht?

Wolfgang hat ein ganzes Dorf gegründet. Wir haben einmal gemeinsam Fußball gespielt. Er war immer jemand, der gern das Sagen hatte. Auf dem Platz und auch in der Kneipe hinterher. Ich hatte ihn mehr als zwanzig Jahre aus den Augen verloren, bis ein anderer Fußballer mir von seinem Dorf erzählte: Tempelhof, Dorf und Lebensgemeinschaft zugleich, ein Versuch, in einer größeren Gemeinschaft achtsam zusammenzuwohnen. Das machte mich schon damals neugierig, obwohl ich noch verheiratet und nicht absehbar war, dass ich bald auf Impulse angewiesen sein könnte, wie man außerhalb einer Kleinfamilie oder ganz allein wohnen und leben könnte. Ich rief Wolfgang an und fragte, ob ich über sie schreiben dürfe. Er bat um ein Vorgespräch, ich sollte ins Dorf kommen, mich vor versammelter Mannschaft vorstellen, anschließend würde man über mein Vorhaben abstimmen. 80 Leute lebten damals schon in Tempelhof. Mit 150 Menschen kann man gerade noch in einer Beziehung stehen, erzählte Peter Sloterdijk, der Philosoph, einmal meiner Freundin. Keine Affenbande zählt mehr als 150 Affen. Das sei die maximale Zahl für ein perfektes Dorf. Natürlich frage ich mich in meiner aktuellen Situation wieder, ob Wolfgangs Dorf eine Möglichkeit für mich wäre.

Tempelhof ist eine Art schwäbischer Hightech-Kibbuz in der Nähe von Dinkelsbühl auf halbem Weg zwischen Ulm und Würzburg mit sechsundzwanzig Hektar landwirtschaftlicher Nutzfläche, auf denen genügend Gemüse und Obst für den Eigenbedarf wächst und die reichlich Platz bieten für sechzig Ziegen, hundert Hühner, für Käserei, Bäckerei, Imkerei, Waldkindergarten, Schneiderei, Schreinerei, Schlosser-, Fahrradwerkstatt, eine große Dorfkantine und ein kleines Café. Aber auch für ein Glasfasernetz mit eigenem Server und ein Labor, in dem zwei Forscher mit Wasserstofftrennung experimentieren und über Biomeiler nachdenken, die ohne Verbrennung Strom und Wärmeenergie erzeugen. Eine Freie Schule für 100 Kinder, davon 50 aus der Region, und ein Hospiz folgten ein Jahr nach meinem ersten Besuch 2012. Seminarräume und Gästezimmer werden vermietet. 80 Betten sind es heute, mit Zeltbetten kommt Tempelhof auf insgesamt 10000 Übernachtungen jährlich. Enge Freunde von Dorfbewohnern dürfen eine Woche lang für fünf Euro übernachten. Wenn die Betten im Sommer für 350 Konfirmanden oder Englischschüler aus Baden-Württemberg nicht reichen, wird ein Zeltlager aufgebaut. Zwei schwer erziehbare Jugendliche leben und arbeiten von Beginn an mit ihrem Erzieher schon in Tempelhof. Das unorthodoxe Erfolgsrezept des Erziehers heißt: »Ritual statt Ritalin.« Es funktioniert, viele seiner Jungs haben im Laufe der Jahre in Tempelhof die starken Beruhigungsmittel abgesetzt.

Als ich damals kam, versammelte man sich täglich zum Morgenkreis: vierzig Erwachsene, die Händchen halten und schweigen. Zehn Minuten lang. Dann reden sie kurz, bevor sie mit ihren erhobenen Händen wackeln. Wie im Kindergarten. Sieht natürlich albern aus. Die Leute vom Dorf Tempelhof wissen, wie das auf Fremde wirken muss. Sie kommen aus der Großstadt, sind keine Hippies und wollen dennoch nicht aufs Händchenhalten verzichten. Hat ja auch Sinn: Jede Gemeinschaft braucht Rituale – der Kindergarten, die Kleinfamilie, der Fußball, der Gesangsverein. Rituale stärken die Verbundenheit zwischen Menschen. Erst recht, wenn sie früher eher Einzelgänger waren. So wie Wolfgang. So wie der Weltumsegler unter den Dorfbewohnern, Ben Hadamovsky, der mehrere Bücher über das Segeln geschrieben hat. Rituale verbinden erst recht, wenn eine Gemeinschaft so groß ist wie ein ganzes Dorf und niemand genau weiß, wie viele Bewohner es gerade sind, weil es von Monat zu Monat wächst. Seit zwölf Jahren schon. 300 Leute sollen einmal in Tempelhof wohnen können. Wolfgang kennt die Annahme, dass es nicht mehr als 150 Leute sein sollten – »hundert Erwachsene und da hat man in der Regel noch 50 Kinder dazu« –, er glaubt aber, dass sich die perfekte Anzahl mit in Seminaren geschultem Bewusstsein ohne größere Probleme erhöhen lässt. Dazu bräuchte es »Untersippen«, und die seien jetzt entstanden. Rund um das sogenannte Earthship beispielsweise, einen Bau, der zur Hälfte in die Erde hereinragt, nachhaltig, energieverbrauchsfreundlich, nach dem Entwurf eines amerikanischen Architekten, mit 65 freiwilligen Helfern aus fünf Kontinenten unter der Leitung von acht Handwerkern aus dem Dorf gebaut. Tempelhof war und ist ein Sozialexperiment. Im Earthship sind Gemeinschaftsräume, eine eigene Küche, ein Männer- und ein Frauenbad entstanden, rundherum stehen 14 Jurten und Bauwägen, in die 15 Erwachsene, großteils mit Kindern eingezogen sind. Wolfgang sagt, es seien radikalere Leute, die ganz anders als in bequemer Gesellschaft leben wollen. Nicht nur Junge, auch ein Paar Anfang achtzig wollte da mitmachen. In Tempelhof seien sie eine Kleingemeinschaft in der Großgemeinschaft, mit eigenen Sozialprozessen.

Niemand hatte zu Beginn Angst vor den neuen Nachbarn, die die ersten zwei Jahre mit ihren Händen gewackelt haben, bis sie den Spaß daran verloren. In Tempelhof entstanden neue Arbeitsplätze, und Tempelhof bemühte sich, bestehenden Werkstätten in den Nachbarorten keine Konkurrenz zu machen. Jeden Monat veranstaltet das Dorf Informationstage und einmal im Jahr ein großes Maifest; Satzung und Ziele sind auf der Homepage einsehbar, selbst die Geschäftsberichte der Dorfgenossenschaft können nachgelesen werden.

In Zeiten der Landflucht von jungen Leuten war selbst der zuständige Bürgermeister der umliegenden Gemeinde Kreßberg über die zugereisten Städter glücklich. Tempelhof bedeutete für die anderen 3883 damaligen Bewohner Kreßbergs: stabile Wasserpreise und Schulen, die nicht geschlossen werden. Und endlich ist mal wieder richtig was los für die Jugend aus den umliegenden Dörfern. Vielleicht ist Tempelhof ein Symbol für die neue Landlust vieler Städter. Das Dorf liegt nicht zu weit entfernt, um unter der Woche in die Großstadt zu pendeln. Tempelhof versucht den Spagat zwischen modernem Arbeitsplatz vor dem Computer und Wohnen in idyllischer Natur, zwischen moderner freiberuflicher Tätigkeit als Einzelkämpfer und alter Sehnsucht nach Geborgenheit in dörflicher Gemeinschaft, zwischen neuen Lebensentwürfen und alten Ritualen.

Das Dorf kannte zu Beginn drei Rituale. Nummer eins: Zum gemeinsamen Essen in der Kantine ertönt ein Gong; auch vor langen Diskussionsabenden wird er geschlagen. Nummer zwei: Morgenkreis. Nach dem Frühstück in der Kantine bildeten die Bewohner einen Kreis. Sie fassten sich an der Hand und schwiegen bis zu zehn Minuten lang. Kindergärten machen das auch häufig, nur nicht so lange. Nach dem Schweigen kam im Morgenkreis Alltägliches zur Sprache: Wer fährt wann die 190 Kilometer nach München oder die 120 nach Stuttgart und könnte etwas mitnehmen? Mag jemand bei der Birnenernte helfen? Ein Techniker, vom Dorf angestellt, verkündet: Die fünfzehnte Fotovoltaikanlage ist angeschlossen. Das Dorf erzeugt jetzt an guten Sonnentagen fünfzig Prozent mehr Strom, als es verbraucht. Bei dieser Nachricht wackeln die Menschen im Kreis mit erhobenen Händen. Auch Wolfgang, der ehemalige Unternehmer, und Ben, der Weltumsegler.

Dieses dritte Ritual, das Wackeln mit den Händen, ist eine Geste aus der Gebärdensprache und ersetzt das gewöhnliche Klatschen. Die Bewohner von Tempelhof haben sie übernommen, weil am Morgenkreis auch kleine Kinder teilnehmen, für die Klatschen zu laut wäre. Gegen Ende des Morgenkreises stellten sich verschiedene Gäste vor: Tempelhof bekommt im Jahr etwa 500 Besucher, die ein oder zwei Wochen mithelfen. Um Urlaub zu machen, aus Neugier auf das Leben in einer Großkommune. Einige wollen das Dorfleben genau kennenlernen, bevor sie einen Aufnahmeantrag stellen. Andere wollen Tempelhof kopieren und als Muster für ein eigenes Dorf irgendwo anders in Europa nutzen. Tempelhof ist berühmt unter Menschen, die nach Alternativen zu einem bürgerlichen Leben in der Kleinfamilie suchen. Bei der Begrüßung ihrer Gäste wackeln die Bewohner wieder mit den Händen. Rituale stärken die Gemeinschaft, aber Fremde schrecken sie gelegentlich ab, sie können altmodisch, esoterisch, antiaufklärerisch wirken. Aber für alle drei Rituale sprechen genügend praktische Gründe: Der Morgenkreis dient der Besinnung, und er ersetzt auch die tägliche Zeitung mit den jüngsten Dorfnachrichten für die Einwohner. Tempelhof hat jedenfalls keine Scheu davor, irgendjemandem nicht zu gefallen. Das Dorf kann sich seit 2010 vor Anmeldegesuchen kaum retten. Erst recht seitdem Anke Engelke eine Fernsehdokumentation über Tempelhof gedreht hat. Im Augenblick wird ein achteckiges Wohngebäude mit 15 Apartments gebaut, auch ein Werkhaus mit Halle, das Seminarhaus wird aufgestockt.

»Wir dürfen nicht zu schnell wachsen«, erklärte Wolfgang 2012, der immer mal wieder zum gewählten siebenköpfigen Dorfvorstand gehört hatte. Wolfgang ist inzwischen Anfang sechzig, hat zwei Baufirmen in München geführt, ist erst reich, dann krank geworden, hat seine Unternehmen abgegeben, mit Meditieren begonnen und das Dorf vor zwölf Jahren mitgegründet. »Ich habe maximale Lebensschulung genossen, in jeder Beziehung.« Dass er einmal in großer Gemeinschaft leben würde, hätte er sich früher nicht vorstellen können. Der Bruch in der Biografie scheint eher untypisch für die Leute in Tempelhof. Wolfgang bekommt das Landleben jedenfalls sichtlich: Er sieht schlank und gesund aus. Er zieht sich immer noch schick an. Niemand in Tempelhof trug Hippieklamotten, als ich das Dorf besuchte. Damals lebten eine Französin, eine Argentinierin, eine Polin, eine Rumänin, ein Schweizer Ehepaar und eines aus Japan dort. Einige Künstler, ein Knallgasforscher, ein UNO-Mitarbeiter aus Genf, der Rest: Handwerker, Akademiker, Manager, Rentner, Krankenschwestern und Pfleger aus umliegenden Gemeinden, auch einige Münchner, die zur Arbeitsstelle hin- und herpendeln. 25 000 Euro mussten damals alle in die Genossenschaftskasse einzahlen, dafür bekommen sie das Recht auf billigen Wohnraum und billiges Essen: Sie dürfen für 250 Euro im Monat in der Kantine essen, dreimal am Tag. Aber sie müssen nicht, sie können auch zu Hause kochen. Sie dürfen allein oder in einer Wohngemeinschaft oder mit Partner oder Familie wohnen – wie sie wollen und so wie es gerade möglich ist, gegen eine Warmmiete von nur fünf Euro pro Quadratmeter.

Manche wohnen zur Probe, sie dürfen mitentscheiden bei allen Belangen des Dorfes, müssen aber damit rechnen, nach einem Jahr wieder weggeschickt zu werden. Alle Bewohner stimmen über jeden neuen Mitbewohner dreimal ab. Wer damals nur ein einziges Mal ein Veto erhielt, musste ausziehen. Aufgenommen werden bis heute nur »Leute, die zu uns passen«, sagt Wolfgang. Junge Familien mit kleinen Kindern haben bessere Chancen, Handwerker werden immer gebraucht, jetzt auch Lehrer für die eigene Schule, die im Jahr 2014 eröffnet wurde.

Für Menschen ab sechzig sah es dagegen erst mal schlecht aus, dabei sind ältere Frauen besonders neugierig auf Tempelhof: »Wir müssen auf unsere Altersstruktur achten. Sonst werden wir in zehn Jahren zum Altersheim«, erzählte Agnes, Wolfgangs Kollegin aus dem Dorfvorstand, auch sie ein Gründungsmitglied. »Hundert junge Leute können zehn Alte pflegen, als Kleinfamilie ist man mit einem Pflegefall überfordert.« Generationenübergreifendes Wohnen haben sich die Gründungsmitglieder vorgenommen.

Agnes Schuster ist auf einem Bauernhof groß geworden, hat später immer in großen Wohngemeinschaften gelebt und hält die unzureichende Altersversorgung für eines der drängenden Probleme in Deutschland: »Man kann ja nie genug Geld sparen, um sich für das Alter abzusichern, und besonders die 68er werden sich nicht mehr ins Altenheim abschieben lassen.« Die Altenpflege im Dorf sollte freiwillig geschehen: »Wenn ich helfe und jemanden in den Tod begleite, dann hilft mir später auch jemand, darauf hoffen wir alle.« Sie hofft auch, dass dabei die Würde und Schönheit des Alters wiederentdeckt werden.

Tempelhof war zunächst der Name eines kleinen Schlosses an der bayerisch-schwäbischen Grenze, das es seit dem 17. Jahrhundert gibt. Auf dem Schlossplatz des Gutes wurden später fünf Fachwerkhäuser angebaut. In den Fünfziger- und Sechzigerjahren kamen zwei Mehrfamilienhäuser, zwei Anbauten und zwei besonders hässliche Flachbauten hinzu. Bis 1986 unterhielt die Diakonie auf dem Gut ein Kinderheim, bis 2005 war Tempelhof ein Heim für behinderte Kinder, anschließend stand das Gut mit dreißig Hektar Wiesen und Ackerland und vernachlässigten Häusern vier Jahre leer.

Ein Makler kaufte es der evangelischen Kirche ab, spekulierte auf Gewinn beim Wiederverkauf. Scientology zeigte sich interessiert, auch eine rechtsradikale Gruppe, ein Scheich, der im Hubschrauber einflog, und ein russischer Oligarch, der ein Kongresszentrum auf dem Land suchte. Aber dann kam die Finanzkrise, und die Kaufinteressenten sprangen ab – bis auf eine Gruppe aus München und Umgebung. 18 Leute, die sich bereits seit drei Jahren darauf vorbereitet hatten, ein ganzes Dorf zu gründen. An den oberbayerischen Seen fanden sie kein geeignetes Grundstück, das sie sich auch hätten leisten können. Den Kaufpreis von Tempelhof konnte Wolfgang, der versierte Unternehmer, auf 1,5 Millionen Euro herunterhandeln. Als die 18 Münchner in einem Bus zur ersten Besichtigung vorfuhren, hatten sie bereits eine fertige Dorfsatzung in der Tasche. Sie ist verankert in einem juristischen Geflecht aus gemeinnütziger Stiftung und gewöhnlicher Genossenschaft, in die sich jeder Bewohner mit 25 000 Euro einkauft. Das festgeschriebene Ziel lautet: ein Dorf, in dem Jung und Alt sozial gerecht, sinnerfüllt, ökologisch nachhaltig in einer Art Basisdemokratie ohne Chefs zusammenleben. Ein sehr ehrgeiziges Ziel.

Sozial gerecht heißt in Tempelhof zunächst einmal: Jeder Bewohner, außer den jungen Eltern, absolviert zwanzig Sozialstunden im Monat, die der Gemeinschaft zugutekommen – Abwaschen in der Kantinenküche, Gemüse ernten und einkochen, Fahrräder reparieren, Turnhalle putzen, Ruinen renovieren, erst etwa achtzig Prozent der 13 000 Quadratmeter Wohnfläche sind saniert. Der Gemeinschaftsdienst gilt für die zwanzig Pendler, die nur im Dorf wohnen, genau wie für die zwanzig Freiberufler und zwanzig Rentner oder die etwa zwanzig Mitarbeiter der Genossenschaft, die im Dorf für das Dorf arbeiten. Sozial gerecht heißt auch: Alle passen auf das Kind mit Downsyndrom auf und helfen seiner alleinerziehenden Mutter; für kein Kind muss die Genossenschaftseinlage oder ein Essensbeitrag bezahlt werden; jeder Angestellte der Genossenschaft – die Bauern, der Imker, der Koch, die Techniker – bekommt, was er zum Leben braucht: 250 Euro jeden Monat für das Essen in der Kantine, die günstige Miete in einer Wohngemeinschaft oder dem eigenen Apartment; darüber hinaus Geld für Versicherungen, Urlaub und Fortbildungsseminare. So ein Bedarfseinkommen fällt bei jedem unterschiedlich hoch aus, der Lohn wird nicht nach der Arbeitsleistung oder dem Marktwert außerhalb des Dorfes berechnet. Einige wie Wolfgang arbeiten sogar ganz unentgeltlich, weil ihr Unterhalt durch Mieteinnahmen oder Rente gedeckt ist. Und alle haben ihre gesamten persönlichen Finanzen offengelegt: Schulden, Unterhaltszahlungen, Immobilienbesitz, Ersparnisse. Mit Sozialismus hat das wenig zu tun, laut Wolfgang »ein verstaubtes Wort«. Ebenso wie das Wort Kommune. Die radikale Offenheit bei den Finanzen soll die Leute miteinander verbinden und Ängste abbauen, so wie die anderen Rituale das tun.

Einer Wohngemeinschaft war das nicht radikal genug: Sieben junge Handwerker, der älteste von ihnen war damals 32, schmissen sogar alle ihre Einkünfte zusammen und bedienten sich den Monat über aus einem gemeinsamen Safe. »Natürlich gab es anfangs längere Diskussionen darüber, warum ein Nichtraucher die Zigaretten der Raucher mitbezahlen soll«, erzählte einer aus der WG, der in Brüssel als Restaurateur viel Geld verdient und schick gewohnt hatte, bevor er nach Tempelhof kam, wo ihm nur mehr Schrank und Bett gehören, wo er mit 1500 Euro brutto und weniger McDonald's-Besuchen auskommen wollte und er das Dorfplenum um Erlaubnis fragen musste, ob seine Freundin nun zu ihm ziehen durfte.

Das Experiment Gemeinschaftseinkommen haben alle sieben trotz kleiner Reibereien drei Jahre durchgehalten, bis die meisten Familien gründeten. »Aber wir haben eine Menge über uns gelernt.«

Als Zukunftswerkstatt und soziales Experiment verstehen alle Bewohner ihr Dorf. Das gemeinsame Dorfziel eines sinnerfüllten Lebens bedeutet in Tempelhof vor allem Sinnsuche: in Seminaren zur Krise von Marktwirtschaft und Wachstumsgesellschaft; in Vorträgen zur

Nachhaltigkeit, zu denen Fachleute aus ganz Deutschland eingeladen werden; in Workshops, in denen nach der Lehre des amerikanischen Psychotherapeuten Scott Peck sowie des deutschen Neurobiologen Gerald Hüther das Leben in einer Gemeinschaft geübt werden soll. Oder erfolgreiches Kommunizieren. Das wichtigste Rezept für große Gruppen: Es kommt darauf an, die richtige Balance zwischen Freiheit und Verbundenheit zu finden. Die meisten Menschen geben in ihrem Leben das eine zugunsten des anderen auf.

Vier solche Workshopwochenenden im Jahr sollte jeder Tempelhofer absolvieren, das macht den Ort noch nicht zur Sekte. »Wir verstehen uns grundsätzlich schon als spirituelle Gemeinschaft«, sagt Wolfgang. »Aber hier sind alle Glaubensrichtungen vertreten: Buddhismus, Christentum, auch Atheismus.« Das Schweigen im Morgenkreis war die einzige sichtbare spirituelle Geste, die alle Dorfbewohner irgendwann praktizierten. In erster Linie will Tempelhof ökologische und soziale Lösungen für die Welt erarbeiten. Ben Hadamovsky etwa, der Weltumsegler, Bauleiter von Beruf, heute Ende Fünfzig. Vier Jahre lang blieb er mit seiner Frau und zwei kleinen Kindern an keinem Ort länger als drei Wochen. Warum nur zieht eine Kleinfamilie, die sogar auf einem kleinen Segelboot gut funktionierte, in eine große Dorfgemeinschaft? Ben sagt: »Wir haben auf dem Meer den ganzen Müll schwimmen sehen, den unsere westliche Gesellschaft produziert. Die ganze Welt will so leben wie wir in Europa, das geht so nicht weiter, der Müll nimmt überhand. Wir müssen ökologisch umdenken, das passiert hier.«

Stefanie Raysz ist aus Neugier nach Tempelhof gezogen: »Mein Mann ist Wetterforscher, hat zwei Firmen in Karlsruhe aufgebaut. Wir haben als Kleinfamilie alles geschafft, was man nur erreichen kann: zwei gesunde Kinder und ein Reihenhaus. Wir suchen einfach eine neue intellektuelle Herausforderung.« Ihr Mann Jon arbeitete in Tempelhof an einem Permakultur-Projekt mit, auf der Wiese vor dem Dorf wurden Erdhäuser gebaut. Ökologisch nachhaltig bedeutet in Tempelhof außerdem: Energie sparen und ökologisch erzeugen, Carsharing, auch viel vegetarische Küche. Manchmal setzen sich die Fleischesser auf dem Speiseplan der Kantine durch, und in den eigenen vier Wänden isst ohnehin jeder, was er will. Tempelhof ist keine Öko-Diktatur. Das Dorf probte zu Beginn eine Konsensgesellschaft. In der Theorie hieß das: Nicht die demokratische Mehrheit entscheidet. Wichtige Entscheidungen wurden nur ohne Gegenstimme getroffen.

»Keiner wird übergangen, aber jeder kann alles aufhalten«, sagt Wolfgang. Wichtig ist: Wer wird ins Dorf und die Genossenschaft aufgenommen? Soll eine neue Heizung jetzt auf Kredit gekauft werden, oder wartet man auf mehr Eigenkapital und eine noch ökologischere Lösung? »Eigentlich war das ein wahnsinniges Vorhaben, solche Fragen nur einstimmig verabschieden zu wollen«, sagt Wolfgang, der es in seinem früheren Leben als Unternehmer gewohnt war, alles schnell allein zu entscheiden. »Aber dafür hat Tempelhof eine ganze Menge auf die Beine gestellt.« Zweimal im Monat kommt der Vorstand zusammen, um mit den verschiedenen Projektleitern offene Fragen zu entscheiden. An diesen beiden Abenden regiert sich das Dorf. Die Sitzung beginnt nachmittags um vier. Sie beginnt natürlich mit dem Gong und einigen Minuten Schweigen. Zwanzig Leute diskutieren miteinander, aber jeder im Dorf ist eingeladen zuzuhören und sich zu Wort zu melden. Einstimmig wird nach kurzer Vorstellung und anschließender Diskussion entschieden, zwei Familien in die Probezeit aufzunehmen. Allgemeines Händewackeln. Zwischenbericht von der Neubauplanung: Zwei Holzhäuser mit Platz für vierzig neue Leute sollen bis nächsten Herbst fertig sein. Es wird teurer als geplant. Zwischenbericht von der Kantinen-Neugestaltung, das Budget ist ausgegeben. Wann wird die Kantine denn endlich mal fertig, mahnt Wolfgang die Verantwortliche an und zeigt seine Unzufriedenheit deutlich. Zwischenbericht vom Stand der Verhandlungen über den Antrag, das eigene Quellwasser im Dorf als Brauchwasser zu benutzen. Die rechtliche Einschätzung ist schwierig, die Debatte verläuft sich in Einzelheiten. Gegen neun Uhr erstes Gähnen.

Der Takt, in dem Entscheidungen gefällt werden, ist erstaunlich hoch. Der Diskussionsleiter lässt Platz für Zweifel und beendet die Diskussion, wenn sie ins Leere zu laufen droht. Der Ton bleibt sachlich, auch wenn Unangenehmes verhandelt wird: »Warum hast du dich nicht erkundigt, auf wie viel Grad wir das Trinkwasser wegen der Legionellengefahr erhitzen müssen? Das fällt in deinen Aufgabenbereich. Ich möchte nicht in deiner Haut stecken, wenn da was schiefläuft«, warnt Wolfgang einen anderen Vorstand. Gegen elf Uhr vermehrtes Gähnen. Schließlich noch der Zwischenstand von der Renovierung des Jugendhauses: Die Jugendlichen wollen die Außenwand mit einer kobaltblauen Lasur streichen. »Wisst ihr nicht, dass Blau im Farbspektrum die Farbe ist, die krank macht in der Dämmerung?«, fragt ein besorgter, esoterisch gebildeter Dorfbewohner. »Ich gehe in das Haus nur spätnachts zum Schlafen. Mir ist die Farbe der Außenwand egal«, beendet der Diskussionsleiter diese Diskussion ungewohnt ungeduldig. Tempelhof ist ansonsten kein Ort, an dem sachliche Auseinandersetzungen gescheut würden.

»Die ewig langen Sitzungsabende sind für junge Eltern kaum zu bewältigen. Das nervt manchmal«, sagt Anne Schmid, Stylistin beim Film und die Schneiderin im Dorf. Sie ist eine junge Mutter, sehr hübsch, auf dem Land groß geworden, lebte zuletzt mit ihrem Mann in München, aufs Land wollte sie eigentlich nie wieder ziehen. »Aber wir haben schon dazugelernt: Anfangs haben wir noch über jedes kleine Detail beraten und abgestimmt. Inzwischen delegieren wir schon viel mehr an Arbeitsgruppen, die das dann für alle mitentscheiden.«

Wolfgang sagt im Rückblick: »Zusammenleben ist wie ein permanenter Workshop, da kommt keiner mehr aus und kann sich und seine Ängste lange verstecken so wie in der Großstadt.« Die Kunst bestehe darin, die Schrulligen willkommen zu heißen und von Psychopathen, die nur Ärger machen, zu unterscheiden, ohne nur Konformisten aufzunehmen. »Wir haben natürlich all die Jahre viele Leute angezogen, die es in der Gesellschaft schwer hatten. Darunter auch viele Narzissten,

Blender oder Borderliner. Aber wir sind viel geübter darin geworden, die Problemfälle im ersten Jahr zu erkennen.« Im Probejahr muss jeder, der ins Dorf endgültig aufgenommen werden will, drei Monate vor Ort sein. Eine längere Probezeit wäre für Eltern mit Kindern kaum machbar. »Gegenseitige Annäherungszeit« nennen sie die Probezeit.

Das Dorf ist ein lebendes Experiment, kein Dorfgesetz unabänderlich. Was nicht klappt, wird nachjustiert, deswegen können sich viele Dorfbewohner ihrer Sache auch nie zu sicher sein: Ben, der Weltumsegler, wusste lange nicht, ob er und seine Familie sich nach so langer Zeit auf dem Boot in eine so große Gemeinschaft eingliedern können würden. »Frag mich in zwei Jahren wieder, dann weiß ich, ob Tempelhof für uns hinhaut.«

Zehn Jahre später ist er immer noch da. Betreut verschiedene Jugendprojekte, schreibt in diversen Blogs. Im Sommer geht er drei Monate an die Ostsee, er besitzt noch sein kleines Segelboot, das man chartern kann. Anne, die Stylistin und Schneiderin, ist mit neuem Mann in die Schweiz gezogen. Leute sind gegangen und gekommen. Dreißig waren weg und sind wiedergekommen – »Das sind die Aktivsten im Dorf«, sagt Wolfgang, der längst nicht mehr im Vorstand sitzt und heute schon zu den Alten gehört.

Tempelhof gehört nicht zu den streng orthodoxen Ökodörfern wie Sieben Linden in Brandenburg, wo in etwa gleich viele Menschen in Strohhäusern und Bauwagen wohnen; Haustiere sind dort verboten, nichtbiologische Körperpflege- und Reinigungsmittel ebenfalls; Handys dürfen nicht eingeschaltet bleiben.

Tempelhof dagegen hat eigens eine Glasfaserleitung für die vielen Freiberufler verlegt, die auf eine schnelle Internetverbindung angewiesen sind. Tempelhof ist erst recht keine Sex-Kommune wie das Zegg, »Zentrum für experimentelle Gesellschaftsgestaltung«, achtzig Kilometer südwestlich von Berlin, mit Ablegern in ganz Europa. Deren achtzig Mitglieder misstrauen langen Partnerschaften und der Institution Ehe. In Tempelhof leben einige Ehepaare, allein oder gemeinsam in einer WG. Ein Elternpaar lebt getrennt, weil es glaubt, das tue seiner Beziehung gut.

Ein anderes Paar war früher einmal in der Kommune von Otto Muehl in Österreich, wo die Männer keine eigenen Betten hatten und jede Nacht bei einer der Frauen um Asyl bitten mussten, und wo nicht mal Unterhosen als Privateigentum geduldet wurden. Das Paar ist längst geläutert. In Tempelhof sind Finanzen das Intimste, was öffentlich gemacht wird. Tempelhof ist auch kein Auroville. In der südindischen alternativen Kleinstadt ist Alkohol verboten und Bilder des Gründers Sri Aurobindo sind allgegenwärtig. In Tempelhof steht ein Bierautomat in der Kantine, und Agnes Schuster sagt: »Ich könnte nirgends leben, wo sich so wie in Auroville jemand zum Guru erklärt.« Mit einer Kommune wie Niederkaufungen in Nordhessen ist Tempelhof auch kaum vergleichbar. Dort fließt alles Geld in eine gemeinsame Kasse. Wer etwas braucht, nimmt es sich. Privateinkommen gibt es nicht. Die gemeinsamen Einnahmen stammen aus einem Baubetrieb, Werkstätten, der Landwirtschaft und einer Kindertagesstätte. Die Kommune gilt als radikal links, aber sehr wohlhabend.

Das Tempelhofer Motto »In Gemeinschaft leben« verspricht mehr als nur einen Versorgungsverbund. Aus alternativen Kreisen stammt die heftigste Kritik an Tempelhof: Wenn man sich erfolgreiche, gesunde, fleißige Menschen raussucht, die auch noch jeder 25 000 Euro Eigenkapital aufbringen können, sei es kein Problem, ein funktionierendes Dorf aufzubauen. Problematische Sozialfälle hätten keine Chance, in Tempelhof aufgenommen zu werden. Tempelhof tauge deswegen nicht als Modell für die Gesellschaft. »Die haben ja teilweise recht«, sagt Wolfgang. »Das Dorf war anfangs noch nicht groß und stark genug, um viele arme, problematische oder kranke Menschen mittragen zu können. Aber inzwischen haben wir schon 57 Leute, die überhaupt kein Geld hatten, aufgenommen.« Drei Personen wurden in der Probezeit als zu schwierig empfunden und nach einem Jahr aus dem Dorf geschickt. »Man trennte sich in Frieden. Wir haben nicht zusammengepasst«, sagt Wolfgang.

Den Morgenkreis gibt es längst nicht mehr. Auch die Seminare zur Gemeinschaftsbildung, die in Tempelhof »Wir-Prozess« genannt werden, finden kaum noch statt. »Wir sind bequem geworden.« Inzwischen reicht es auch, wenn ein Antragsteller auf Aufnahme im Dorf zwei Drittel Ja-Stimmen der alten Bewohner erhält. Im Plenum gibt es jetzt Mehrheitsentscheide – wenn nicht mehr als drei Vetos abgegeben werden. Wolfgang sagt, er habe gelernt, dass Hierarchien wichtig und richtig seien und dem müsse man auch in der Dorfsatzung Rechnung tragen.

Das Modell Tempelhof besitzt durchaus Charme für mich. Ich traf Wolfgang noch einige Male. Wir gingen essen am Starnberger See, wo er eine kleine Wohnung besitzt, in die er kommt, um seinen Sohn zu treffen, wir beide mit Freundinnen, er lud uns ein. Er unternahm noch zwei große Reisen mit seinem halbwüchsigen Sohn, einmal fuhren sie mit dem Containerschiff in die USA. Ich beneidete ihn um die Zeit mit seinem Sohn, obwohl ich auch vergleichsweise viel mit meinen Kindern gereist bin, aber nie so lange am Stück.

Dann kam Corona, und Wolfgang fand eine neue Mission: die Auseinandersetzung mit den Corona-Maßnahmen und den Widerstand gegen den Lockdown und später die Impfpflicht. Ich habe seine langen Dossiers, die er an seinen E-Mail-Verteiler schickte, kaum gelesen, ich war müde von der Debatte, und mir fehlte auch das generelle Misstrauen gegen Politiker und Virologen. Einmal telefonierte ich mit ihm, da sagte er, das Dorf hätte keinerlei Probleme mit Corona, da man sehr für sich lebte und ohnehin viele Dorfbewohner Homeoffice betrieben, auch vor dem Lockdown. Später war zu lesen, dass es das Dorf doch erwischt hatte und mehrere Leute erkrankten.

Es leben immer noch nur 150 Menschen in Tempelhof. Ich bekam eine Einladung zu Wolfgangs 60. Geburtstag. Ein ganzes Wochenende wurde gefeiert. Ich hatte keine Zeit hinzufahren. Vielleicht hatte ich inzwischen auch nicht mehr daran geglaubt, dass Tempelhof für mich eine realistische Möglichkeit darstellen könnte. Ich fühlte mich nicht wohl bei dem Gedanken, mir zum Thema Coronapolitik eine Meinung bilden zu müssen.

Als ich ihn zuletzt getroffen habe, erzählte mir Wolfgang, dass er und mit ihm etwa ein Drittel des Dorfes daran dächten, auszuwandern.

Er war sechs Wochen in der Türkei. Dann sechs Wochen in Portugal. Mit seinem Campingbus, vollgeladen mit Bio-Lebensmitteln aus dem Hofladen in Tempelhof. Und mit Begleiter, der meist am Steuer war. Wolfgang ist das ein bisschen peinlich, aber es wäre nicht anders gegangen. Die Entfernungen zwischen den Objekten in Portugal waren zu groß. Ein ehemaliges Urlaubsresort im Landesinneren würde er gern kaufen, das seit einigen Jahren leer steht. So wie einst Tempelhof. Er steht in Verhandlung mit der englischen Besitzerin.

Deutschland wird ihnen zu eng. Ein Großteil der Bewohner will sich nicht mit der Landespolitik anlegen, will nicht die Schulzulassung riskieren, um weiterhin öffentlich gegen die Corona-Politik zu opponieren.

Wolfgang bezeichnet sich als wertkonservativen Mystiker und Sozialrevolutionär. Erst einmal will er die Weltreise nachholen, die ihm Corona verhagelt hat. Seinen Sohn in Marokko für ein Praktikum bei einem Freund abliefern und dann allein weiter, nach Russland, Armenien, Aserbaidschan, in den Iran, bis nach Indien, will herausfinden, ob es in diesen Ländern wirklich so schlimm zugeht, wie man in Europa glauben mag, will an einfachen, unverbrauchten Plätzen Inspiration suchen.

Die richtige Balance zwischen Freiheit und Verbundenheit zu finden bleibt eine lebenslange Aufgabe. Sie verändert sich. Wolfgang braucht jetzt mehr Freiheit und weniger Verbundenheit. Bei mir ist es genau umgekehrt.

5 PLEASE CLEAN!
Zwistigkeiten in der Zweck-WG

Die WG hat den ersten Corona-Winter gesund überstanden. War nicht einfach, denn Birgit öffnet alle Fenster im Haus, sobald niemand hinsieht. Wir brauchen
Durchzug, sagt sie – ja ja, aber bei minus zehn Grad?
Li fährt eigens nach Berlin, um sich schneller impfen
zu lassen. Ich warte brav auf meinen Hausarzttermin.

Birgit ist neu in der WG, hat Astrids Zimmer übernommen, die schließlich in die USA gereist ist, ohne
zu wissen, wie lang. Birgit kommt aus der Schweiz,
sie studiert Biologie, hat sich nach dem Bachelor in
Basel auf irgendwas spezialisiert, worin die Münchner
Uni führend ist, Schleimpilzforschung in der Außen-
stelle Freising oder so ähnlich. Ich habe sie gefragt, ob
sie keine Sorge habe, dass sie zu jung oder wir zu alt
seien, aber sie hat das verneint. Birgit redet wenig, aber
sie beginnt schon vom dritten Tag an zu schimpfen,
wir würden uns nicht oft genug die Hände waschen,
nicht penibel genug im Haus auf Abstand achten und
sicherlich auch draußen in der Welt nicht und hätten
ohnehin zu viele Sozialkontakte, die Impfstoffe hält sie
aber für gefährlich. So jung und sie weiß schon alles
besser. Sie ist doch groß, drahtig und muskulös, woher

kommt ihre Angst? Was liest sie bloß im Internet? Oder lernt man das an der Uni?

Ich lasse die *Süddeutsche* manchmal rumliegen, den *Spiegel* und das *SZ-Magazin*. Niemand im Haus liest das. Nicht mal, wenn ich mehrere Tage verreist bin. Dass Li an deutschen Zeitungen nicht interessiert ist, erstaunt nicht, aber nicht einmal die Modeausgaben des *SZ-Magazins* finden sein Interesse. Und Birgit ist ein Kind der Berge und lebt in der Natur, aber deswegen könnte man doch mal einen Blick in die Zeitung werfen? Meine Mitbewohner verwundern mich. Und sie ärgern mich.

Wie schaffe ich es, Birgit ohne Aggression zu bitten, dass sie nicht vor der Haustür im Hof raucht, sondern hinten im Garten, wenn es nicht regnet? Sie schließt die Tür, ja, aber dennoch zieht der Rauch rein, sobald sie zurückkommt. Und wie kann ich sie fragen, warum sie das herumstehende Geschirr nicht noch einräumt, wenn sie die Spülmaschine anmacht? Wie kann ich sie fragen, ohne gereizt zu klingen, was ich ja bin, weil ich denke, sie fasst das von Li und mir benutzte Geschirr nicht an, weil sie Angst hat, sich mit Corona zu infizieren? Ich brauche ein halbes Jahr, bis ich mich reif fühle, souverän und neugierig zu klingen, als ich sie danach frage. Ihre Antwort: Nein, nicht wegen Corona, sondern weil es nicht mehr reinpasste. Okay. Gut, dass ich gefragt habe.

Please clean! Steht auf einem Zettel, den ich eines Abends neben dem Herd finde. Jaja. Ich war es, habe gekocht, und die Tomatensauce klebt noch zwischen den

Gasdüsen. Li hat ja recht, aber schreibe ich etwa Zettel, weil er nie den Müll richtig trennt oder gar rausträgt, seine Pizzakartons überall in der Küche rumliegen lässt und den Wäscheständer wochenlang belegt? Oder ständig seinen Haustürschlüssel vergisst und mich mitten in der Nacht anruft, wann ich denn endlich käme, er komme sonst nicht ins Haus? Vergangene Woche hat Li seinen Schlüssel sogar außen in der Tür stecken lassen. Die ganze Nacht lang. Manchmal schließt die Tür nicht richtig beim Zuziehen und bleibt offen stehen. Ihm passiert das regelmäßig. Ich weigere mich, Zettel und Protestnoten zu schreiben. Eine offene Haustür ist ja eh kein großes Problem im Münchner Süden. Giesing ist schon nicht schlecht.

Gelangt jede Zweck-WG zwangsläufig an den Punkt, wo alles gegeneinander aufgerechnet wird? Jede kleine Gefälligkeit mit einer anderen zeitnah bezahlt werden muss, sonst wird das gegenseitige Kümmern eingestellt? Und Scheiße noch mal, besorgt hier eigentlich irgendwer außer mir mal Klopapier? Nein, ich bin noch nicht so weit. Natürlich putze ich Herd und Arbeitsplatten und schreibe meinen Mitbewohnern weiterhin keine Zettel mit Ermahnungen. Aber Li und Birgit gehen mir manchmal ganz schön auf die Nerven. Genau wie ich ihnen.

Mein Sohn mit Freundin sind zu Besuch. Sie schlafen in der WG. Birgit grüßt kurz, aber kommt nie näher als die wegen Corona angeratenen 1,50 Meter Abstand. Ich frage sie längst nicht mehr, ob sie mit uns essen mag. Sie mag nicht. Anfangs sagte sie, ich koche ihr zu scharf, aber noch vor dem zweiten Lockdown aß sie gern mit.

Sie will sich nicht anstecken bei uns. Li und ich sind eine Gefahr für sie, und weitere Gäste erst recht. Sie huscht wie ein Geist an uns vorbei, wenn sie raus zum Rauchen geht und dann schnell wieder in ihr Zimmer zurückeilt. Sie muss Höllenqualen leiden in den drei Tagen und Nächten, die mein Sohn bei uns verbringt. Vor Corona hat sie sich noch gern mit ihm unterhalten. Sie sind ja ungefähr auch im gleichen Alter. Und er mag sie, sie ist ein Original. Meine große Tochter mag Birgit, weil sie Nachhaltigkeit so ernst nimmt.

Birgit hat es sicher auch nicht leicht mit Li und mir. Am Eingang steht ein Schuhregal, vier Reihen hoch. Zwei benutzt Li für seine Sneaker, zwei ich. Für Birgits Schuhe ist kein Platz. Sie stellt sie in den Gang auf den Boden. Sie stellt sie ostentativ so in den Weg, dass man förmlich ihre Rufe hört: Warum dürfen wir nicht ins Schuhregal? Ich bin nie auf die Idee gekommen, im Regal Platz für ihre Schuhe zu machen, das heißt, doch, ich bin auf die Idee gekommen, habe sie aber nie umgesetzt, oder Birgit auch nur angeboten, etwas zu ändern.

Wir sind Machos in der WG. Einmal habe ich gewagt, bei meiner Freundin im Stehen zu pinkeln. Kam gar nicht gut an. Zu Hause in meiner WG bleibe ich stehen. Auch Li. Muss wiederum Birgit ganz schön auf die Nerven gehen. Sorry.

Niko sucht ein Zimmer. Ich kenn ihn vom Fußball, er hat mal in der zweiten bosnischen Liga gespielt, ein Jahr lang. Der beste Freizeitfußballer, den ich kenne, ein paarmal hat er bei meiner Freizeitmannschaft mitgespielt, aus Freundlichkeit, weil wir mal wieder zu wenig waren. Mitte dreißig, netter Kerl. Ist bei seiner Frau und den Kindern ausgezogen, übergangsweise zu einem Freund, der ein Jahr im Ausland arbeitet. Das hat er mir mal im Schumanns erzählt. Er leidet wie ein Hund. Die Kinder fehlen ihm, die Frau auch, er würde sie wohl zurücknehmen, wenn sie den Liebhaber aufgäbe. Schon wieder ein Mann, der seiner Frau so ziemlich alles verzeihen würde. Soll ich Niko ansprechen, ob er ein Zimmer sucht?

Nein. Solange ein zweiter Lockdown droht, ist es ganz gut, wenn das große Durchgangszimmer im Erdgeschoss unvermietet bleibt. Und ich will niemanden rausschmeißen. Auch jetzt nicht, wo sich das Leben langsam wieder normalisiert und es Birgit oder Li möglich sein müsste, ein Zimmer zu finden. Ich empfände so eine Kündigung als persönliche Niederlage. Außerdem bin ich bestechlich: Birgit bringt mir regelmäßig Pilze mit, die sie in einem Gewächshaus für ihre Versuche im Labor anbauen. Speisepilze, nicht die Schleimpilze, über die sie schreibt, von denen Birgit allerdings auch behauptet, man könne sie ohne Bedenken essen, und sie schmeckten auch nicht mal übel. Manchmal sind meine Mitbewohner auch ein wahrer Segen: Zum Beispiel, wenn die verdammte Spülmaschine schon wieder nicht funktioniert. Das Wasser läuft nicht ab. Birgit kümmert sich. Sucht auf Youtube nach möglichen Ursachen, sagt, ich solle keine neue kaufen, das werde schon wieder. Li bietet an, sich an den Kosten für eine neue zu beteiligen. Auch Astrid war schon das, was man patent nennt. Sie konnte ihr Motorrad reparieren, und sie traute sich an die Waschmaschine im Keller, auch wenn sie die nicht wieder zusammenbauen konnte. Birgit dagegen gelingt es schließlich nach zwei Wochen, die Spülmaschine ohne fremde Hilfe wieder zum Laufen zu kriegen. Ich hatte die Hoffnung längst aufgegeben und mich schon nach einer neuen umgesehen. Birgit hat auch eine neue Deckenlampe fürs Bad besorgt, was ich in den fünfzehn Jahren zuvor nicht geschafft hatte, die alte war so groß, dass man das Fenster nicht ganz aufmachen konnte.

Birgit ist im Unterschied zu Astrid recht schweigsam. Auch nach einer Eingewöhnungsphase. Im September zeigt sie plötzlich sichtlich gute Laune. Zum ersten Mal seit ihrem Einzug vor sieben Monaten sucht sie das Gespräch, will erzählen, was passiert ist. Sie schreibt über Eumycetozoa, auf deutsch Schleimpilze, die Eigenschaften von Tieren und Pilzen aufweisen, allerdings wissenschaftlich weder Tieren noch Pilzen zugeordnet werden. Birgit muss auf einem zweitausend Quadratmeter großen Gelände in Oberbayern zweihundert Punkte auf fünf unterschiedliche Habitate untersuchen: An den Punkten sucht sie nach stehendem Wasser oder Bächen oder Pfützen, manchmal gibt es an den Punkten auch keine Habitate. Sie muss die Schleimpilze nicht zählen, sondern nur identifizieren, welche vorhanden sind. 51 Punkte hat sie in den vergangenen sechs Wochen schon untersucht. Sie kann nicht sagen, ob sie für die restlichen 149 noch mal die gleiche Zeit braucht. Wie schnell sie vorankommt, hängt vom Gelände ab. Vorgestern hat sie für zwei Punkte fünf Stunden gebraucht, das Gelände war sumpfig, Mikromoor, sagt Birgit fachmännisch. Das Unwissen über die richtige

Taxonomie der Schleimpilze ist ein Riesenproblem, von dem wir noch nichts ahnen, »wir« heißt so ungefähr alle außer Birgit und ein paar Wissenschaftlern. 2007 hat man geschätzt, dass es etwa 1000 Schleimpilzarten gibt, Sequenzierung neuerer Umweltproben deutet auf deutlich größere Artenvielfalt hin. Und wenn man diese nicht richtig identifiziert und systematisiert, können sie auch nicht geschützt werden.

Deswegen sucht Birgit die Schleimpilze. Sie hat schon eine Hypothese, die sie allerdings noch nicht öffentlich machen möchte: Weniger Regen in den vergangenen Jahren bedeutete in Bayern mehr stehende Gewässer und vor allem niedrigere Fließgeschwindigkeit in Bächen, was Schleimpilze in Stress versetzt.

Ich: Interessant, davon habe ich ja nie gehört.

Sie: An der TU gibt es etliche Arbeiten zu diesem Thema. Wir leben halt in verschiedenen Welten.

Ich: Das glaube ich auch.

Um sich im Wald und auf Wiesen zurechtzufinden, muss ihr Handy über Google Maps Galileodaten abfragen. Das europäische Galileo-Satellitensystem misst jeden beliebigen Punkt im Wald auf zehn Meter genau und ist damit viel präziser als das US-amerikanische GPS. Birgit hat sich dafür ein neues Smartphone geleistet, obwohl ihr altes noch einwandfrei funktionierte. Sie ist begeistert bei der Sache. Sie kann mit Einsamkeit umgehen und ist dem Job im Wald gewachsen, obwohl sie so jung ist, kaum älter als mein Sohn. Auch vor den gelben Schleimpilzen ekelt sie sich nicht, aber vor Wildschweinen hat sie Angst. Sie nimmt eine Dose Pfefferspray mit auf ihre Wald- und Wiesengänge, die sie sich mal für ein Rave-Wochenende in Montreux besorgt hat. Stampfen, sagen Schweizer Raver übrigens, wenn sie Tanzen meinen.

Auch Li weiß Neues zu berichten: Nach eineinhalb Jahren das erste Wiedersehen mit seinem italienischen Ex-Freund. Partner, nennt Li ihn immer noch. Für seinen Partner ist Essen immer ganz wichtig. Als Li ihn am Wochenende in Mailand besuchte, sind sie in ein Dorf in den Bergen gefahren, in ein Kloster, das irgendeinem seiner reichen Freunde gehörte, nur um dort irgendwelche panierten Riesenpilze zu essen. Sie haben ein wenig gestritten, aber sich eigentlich wieder gut verstanden. Kommendes Wochenende wollen sie sich wiedersehen. 60 Euro hat Lis Flug gekostet. Er fürchtet aber, dass es für die beiden immer schwieriger wird. Li arbeitet in einer Branche, die von jüngeren Leuten beherrscht wird. Sein Freund ist Anfang vierzig, und als Architekt hat er es in seinem Büro eher mit Älteren zu tun. Li überlegt nach Berlin zu gehen, sein Freund sucht einen Job als leitender Angestellter in einem großen Architekturbüro, er könnte sich London oder Paris vorstellen, aber nicht Berlin, da sucht kein Mensch Architekten.

In jedem Fall fühlt Li sich nicht mehr wohl, seitdem er sich im Büro geoutet hat. Er hat jetzt das Gefühl, geschnitten zu werden. Die Kollegen fragten nicht mehr so oft, ob er Lust habe, mit ihnen in eine Bar zu gehen. Es täte mir leid, wenn Li ginge, auch er ist ein bequemer Mitbewohner, kaum da, und das Klo hat er sogar geputzt, wenn er am nächsten Tag nach Spanien gefahren ist, um von dort im Homeoffice zu arbeiten.

Vier Wochen später, im Herbst, hat Li einen Job in Berlin gefunden. Er kommt einige Nächte spät und vergisst öfters seinen Schlüssel. Und er bedankt sich tausendmal, dass ich ihm anbiete, ein paar Kisten im Auto mit nach Berlin zu bringen, sobald ich meine Kinder mal wieder besuche.

Birgit bringt einen Nachmieter, der über eine Freundin von einem freien Zimmer gehört hat, obwohl das Zimmer noch gar nicht frei ist. Ihre Vorfreude auf Lis Auszug ist offensichtlich groß. Johannes, 22, macht ein Praktikum in München, schläft bisher auf der Couch im Einzimmerappartement eines Freundes. Ich biete ihm das leer stehende Zimmer unten an, vorübergehend, bis er etwas anderes gefunden hat. Birgit bittet ihn, nicht zu spät zu duschen, denn das sei acht Dezibel laut und sie würde das nebenan hören. Astrid hat ihr wohl den Tipp gegeben, darauf zu achten. Astrids bzw. Birgits Zimmer liegt ja wirklich gleich neben dem Bad. Gott sei Dank ist Birgit etwas diplomatischer als Astrid und versucht erst gar nicht, feste Duschzeiten festzulegen.

Nach dem nächsten Arbeitsbesuch im Wald erzählt Birgit von Todesangst, die sie ausgestanden hat: Sie ist nicht auf Wildschweine getroffen, das war ihre größte Sorge, aber sie war bei Dunkelheit eine steile Schlucht heruntergestiegen, hatte sich übernommen, das Licht vom Handy ging aus, der Akku war leer. Nur mit Glück, sagt sie, habe sie den Rückweg zur Hütte des Försters geschafft.

Babette, Hennos Tochter, bekommt in Berlin mehrere Anrufe von einer besonders hartnäckigen Maklerin. Sie dringt darauf, ihr das Haus in München schnell zum Verkauf zu überlassen, bevor die neue Regierung die Erbschaftssteuer erhöht. In den nächsten sechs bis acht Monaten wäre es so weit, dann würde das Finanzamt den Verkaufserlös verschlingen. Babette ist ein höflicher Mensch und hört sich die Panikmache minutenlang und wiederholt an.

Erst mal wohnt in Hennos altem Zuhause ein Student, den irgendjemand geschickt hatte, und Henning, ein gemeinsamer Freund von Welf und mir, hat sich Hennos früheres Zimmer als Büro hergerichtet. Den Fußboden hat er herausgerissen, den Estrichboden geschliffen, die Wände gestrichen. Er wollte auch die Blümchen-Tapete von der Toilette im Erdgeschoss übermalen. Warum denn das? Die ist doch noch ganz okay, haben die Schwestern gefragt. Weil die Tapete fünfzig Jahre alt ist und mir nicht gefällt, hat Henning frech geantwortet. Ich bin froh, dass ich diese Diskussionen nun nicht führen muss.

Auf Birgits vorletzter Expedition hat sie Wildschweine getroffen. Sieben Stück. Weil es im vergangenen Jahr so viele Bucheckern und Eicheln gab, kam das Wild in den bayerischen Wäldern und Staatsforsten gesünder und mit mehr Nachwuchs durch den Winter. Außerdem werden wegen des Klimawandels die Winter milder, sodass weniger Wildschweine sterben. Sie buddeln Äcker um und fressen Ernten weg. Weshalb es eigentlich absehbar war, dass Birgit und die Wildschweine irgendwann aufeinandertreffen würden. Aber Birgit machte alles richtig: Sie blieb ruhig und machte keine hektischen Bewegungen. Irgendwann ging sie langsam zurück und nahm einen anderen Weg. Ihr Pfefferspray brauchte sie gar nicht. Ihre Angst vor Wildschweinen hat sie nach der Begegnung verloren. Wildschweine riechen nach Maggi, sagte sie noch.

Sie muss noch zweimal zurück in den Wald, um die Arbeit zu vollenden. Jeweils drei, vier Tage nur, dann hat sie es überstanden. Birgit verbringt ihre Tage häufig allein in München, auch im Labor in Freising arbeitet sie oft allein, aber die Einsamkeit im Wald und auf Wiesen ist sicherlich noch mal was anderes. Birgit gewinnt allmählich meinen Respekt. *Die Zeit* hat sie inzwischen auch abboniert.

Li hat endlich sein Appartement sehen können. Das heißt, er hat es besichtigen lassen. Ein Freund war da. Es war die dritte Verabredung, bei der es Lis Freund endlich gelang, die Wohnung zu sehen. Li hatte ernsthafte Zweifel, ob es die Wohnung tatsächlich gibt und ob dem Mann, der sich als Vermieter ausgab, die inserierte Wohnung auch wirklich gehört. Mietkautionsbetrug ist recht verbreitet in Berlin.

Aber es gibt die Wohnung. Das weiß er jetzt, zwei Wochen vor seinem Arbeitsantritt in Berlin. Möbliert, in Moabit, hübsch nach den Fotos, überteuert, mit einem Jahresvertrag, damit der Vermieter jedes Jahr die Miete erhöhen kann. Der aktuelle Mieter konnte irgendwann nicht mehr mithalten, deswegen hat er die Besichtigungstermine zu boykottieren versucht.

Ende November bin ich zwei Tage weg. In Berlin bei den Kindern. Ein Nachfolger für Li hatte sich vorgestellt und schon einen Koffer Schmutzwäsche dagelassen, den ich für ihn gewaschen habe. Ich bitte Birgit, seine Wäsche vom Ständer zu nehmen, sobald sie trocken ist.

Sie: Wieso?
Ich: Damit andere den Ständer benutzen können. –
Aber Li lasse seine Wäsche doch auch immer zwei Wochen hängen, sagt Birgit missmutig.
Wie im Kindergarten. Habe ich schon erwähnt, dass ich manchmal die Lust an meiner Zweck-WG verliere?

Ralf und Rudi heißen die neuen Mitbewohner, sie ziehen im November ein, Rudi war derjenige, der schon eine Nacht da war und seine Wäsche dagelassen hat. Soll ich Johannes noch mal sagen, dass dies hier kein Hotel ist und er wenigstens den Boden nach dem Duschen trocken wischen soll? Oder Birgit bitten, im Winter ihr Fenster zu schließen, wenn sie tagsüber zur Arbeit geht? Und kann sie nicht bitte endlich hinten im Garten statt vor der Eingangstür rauchen? Ich rauche ja auch hin und wieder Zigarre, sogar im Wintergarten, ob der Rauch dann auch in die Wohnung zieht?

Erneuter Gesprächsversuch mit Birgit: Bitte hinten rauchen. Bitte die Fenster nicht immer stundenlang offen stehen lassen.

Sie: Das gebieten doch die AHA-Regeln.

Ich: Lüften ist okay, aber bitte kein Durchzug mehr nachts.

Wann immer ich in die Küche komme, trägt sie ihren Hoodie, hat das Fenster sperrangelweit geöffnet und verbreitet ihre Corona-Angst.

Ich: Wir müssen uns hier doch anders bewegen dürfen als in der Straßenbahn. Und warum pocht sie immer wie ein Hausmeister auf die Einhaltung der Corona-Regeln, wo sie doch selbst nicht mal geimpft ist?

Sie: Das Küchenfenster öffnet sie, weil sie Kräuter zupft vorm Fenster, nicht aus Angst vor Corona. Und im Bad stinkts sonst. Und es ist polemisch, sie Hausmeister zu nennen.

Ja, da hat sie recht. Bin gereizt, sicherlich nicht nur wegen ihr, wahrscheinlich sogar am allerwenigsten wegen ihr, aber lasse offenbar an ihr meinen Frust aus, denn sonst könnte ich sie ja ganz sachlich auf mein Problem ansprechen. Und es ist ein vergleichsweise kleines Problem. Ich Idiot.

Außerdem könnte es gut sein, dass nicht sie überreagiert wegen Corona, sondern ich es zu sehr auf die leichte Schulter nehme. Wir werden sehen. Generell ist es ohnehin ihre Sache, wie sie sich schützen will. Aber wenn man zusammenwohnt, muss man eben auch eine gemeinsame Linie finden. Eine eigene Corona-Verordnung für die WG. Anstrengend.

Li hat seit Ewigkeiten das Bad nicht mehr geputzt. Er ist kaum mehr da gewesen, hat die letzten Tage in München mit Ausflügen nach Mittenwald und auf die Zugspitze verbracht. Er wollte ganz hoch auf den Gipfel, aber seine Sneaker waren dann doch zu rutschig. Eine viertel Stunde hat er sich auf dem letzten Plateau vor dem Gipfel zum Schlafen gelegt. Wie süß er davon erzählt hat, diese fast kindliche Begeisterung für die Berge.

»Du bist ein guter Mann«, sagt er, als er sich endgültig nach Berlin verabschiedet. Wir umarmen uns flüchtig, aber kräftig.

6 TIGER MIT KRALLEN
Bastis Mehrgenerationenhaus

Soll ja vorkommen, dass Eltern und Kinder friedlich in einem Betrieb arbeiten. Aber dass sie außerdem noch freiwillig zusammenleben? Hatte ich noch nie gehört. Familie Ganthaler in Südtirol besteht aus: den Eltern Hansjörg und Franziska, sie kennen sich seit Kindertagen und sind vierzig Jahre verheiratet. War nicht immer nur harmonisch, sagt Franziska, eine Freundin von mir. Drei Töchter haben sie, Anfang, Mitte dreißig. Priska und Martina mit je zwei Kindern, Anna mit zwei Hunden. Alle verheiratet, Anna und Priska mit Brüdern aus Neapel, die wiederum im benachbarten Bozen zusammen das angeblich beste Fischlokal betreiben. Alle wohnen sie in einem Haus fünfzig Meter neben dem Hotel, das die Familie in einem Vorort Merans betreibt: jede Schwester mit Mann in einem Stockwerk, obendrauf die Eltern.

Sie entscheiden gemeinsam, sagt Franziska, zumindest die wichtigen Dinge wie die Umbauten. Ansonsten kümmert sich Hansjörg um den Weinkeller mit 600 Etiketten, die Weinproben in der Vinothek – und die Buchhaltung. Anna schmeißt das Spa und hat jetzt auch mit Mode angefangen, zwei Kleider und Blusen nähen lassen bei einer Freundin, die für Chanel und Givenchy arbeitet. Außerdem hat Anna eine Kofferkollektion entworfen. Kann man alles kaufen an der Rezeption. Priska und Martina betreuen die Gäste, Martina lässt die Sofas, Betten und Stühle in Udine in Handarbeit fertigen. Ihr Mann betreibt eine eigene Kaffeerösterei. Priska kümmert sich um den Küchentisch, auf dem die Köche direkt aus der Pfanne servieren. Franziska, die Mutter, führt im Sommer noch ein Gästehaus in den Marken. Die Familie kommt sie da nur in Etappen besuchen, Mann, Kinder, jeweils einzeln für ein paar Tage. Franziska sagt, sie brauche diese Sommer allein. Immerhin. Im Winter hängen sie ja wieder wie die Kletten in Südtirol aneinander.

Natürlich sind nicht immer alle einer Meinung. Vor einigen Jahren etwa, als Franziska noch den Weinberg kaufen wollte in den Marken, wollte erst eine Tochter nicht. Sie haben gewartet und es ausdiskutiert. Sind gut geworden die Weine, und der Tochter ist es heute ein bisschen peinlich, ängstlicher als ihre Mutter gewesen zu sein.

Wenn ich Franziska sehe, wundere ich mich ständig, wie einfach Familie doch sein könnte.

Dann Basti, ein Freund meiner Schwester. Vom Sehen kenn ich ihn seit zwanzig Jahren, wir haben dasselbe Stammlokal und irgendwann begonnen, uns freundlich zuzunicken, wenn wir uns da begegneten. Merkwürdig alterslos sieht er aus, trägt immer Jacketts und Hemden ohne Krawatte, aber er ist kein Schnösel, nicht arrogant, gemütlich. Raucht Zigarre, trinkt Whisky. Ich hatte keinen blassen Schimmer, wer er sein könnte, was er machte, wo ich ihn hinstecken könnte, mit wem er abhing. Er saß oft allein. Wir redeten das erste Mal miteinander, als Minki, meine Schwester, ihm von meinem Projekt erzählt hatte. Er zögerte nicht, er genierte sich nicht, lud mich gleich zu sich ein, hatte sich bei meinem Besuch schon erklärende Worte zurecht gelegt: »Ich war schon immer ein Einzelgänger«, sagt Basti. Schon in der Schule. Wenn überhaupt, dann hatte er ältere Freunde aus den höheren Klassen. Gleichaltrige Schüler aus seiner Jahrgangsstufe haben ihn geschnitten. »Auch nach der Schule war ich immer anders«, erzählt er, »wer sitzt schon mit Anfang zwanzig im Anzug im Schumanns und raucht Zigarre?« Das Politikstudium hat er schnell geschmissen, lieber zu arbeiten angefangen: Marketingfilme für Unternehmen, er ist da so reingerutscht, wieder ein älterer Freund hat ihm dabei geholfen. Auch im Job waren es alles ältere Freunde und Bekannte, die er kennengelernt hat. Schließlich die Frauen: In der Regel waren seine Freundinnen älter als er. Und natürlich passt in dieses Bild, dass der Sonderling mit Anfang vierzig noch zu Hause wohnt, nie ausgezogen ist und nicht mal den Wunsch hat, das irgendwann einmal zu tun. Seitdem er sechs war, immer im gleichen Haus. Das Zimmer hat er freilich mal gewechselt. Vom Kinderzimmer hoch unters Dach.

Man kennt das Klischee vom Muttersöhnchen, das es nie schafft, auszuziehen, zur Genüge. Ich habe einen Kollegen bei der Zeitung, dem man nachsagte, schwul zu sein, weil er bis zum Tod seiner Mutter mit ihr zusammenlebte. Ich kenne einen Lehrer, der mit seiner Mutter lebte, sie durch den Hofgarten führte, mit ihr ins Freibad ging, und zwar in das, das auch alle seine Schüler benutzten, die sich dann totlachen konnten, wenn die Mutter des Lehrers an den Beckenrand kam, mit dem Handtuch in der Hand, und ihrem über sechzigjährigen Sohn zurief: »Bernd, Bernd, komm raus, du erkältest dich noch.« Nicht dass es wichtig wäre, aber ich glaube übrigens, weder der Redakteur noch der Lehrer sind schwul.

Basti kann gut damit leben, dass Fremde es merkwürdig finden, wenn sie mitbekommen, dass er mit seinen Eltern und der Großmutter zusammen in einem Haus wohnt, und dass früher sogar noch die Urgroßmutter dazugehörte, die 102 Jahre alt wurde. »Wenn Fremde das abstößt, soll es mir recht sein«, sagt Basti, »ich hab eh keine Lust auf Menschen, die nicht neugierig sind, und sich vorschnell ein Urteil erlauben. Das Wort normal betrachte ich als Schimpfwort. Und wenn eine Frau damit ein Problem hätte, bevor sie sich das mal selbst richtig angeschaut hätte, dann hätte ich ein Problem mit der Frau.«

Basti gefällt sich in der Rolle des Außenseiters, und er pflegt sie.

Durch seinen Job kenne er Politiker, Milliardärinnen, Unternehmer, Rechtsanwälte und jede Menge Fernsehleute, aber er verbringe, sagt er, genauso gern Zeit mit dem arbeitslosen Mann der Putzfrau. Oder eben mit seiner eigenen Familie.

Schon der Vater war so ein Sonderling. Typ geistesabwesender, zur Vergesslichkeit neigender Professor. Toxikologe. Muss heute noch oft umkehren, weil er den Schlüssel wieder zu Hause liegengelassen hat. Verließ die längste Zeit morgens das Haus, um in der Uni merkwürdige Versuche zu unternehmen. Zur Schädlichkeit von Tabak zum Beispiel. Er meinte immer, die Gefahren des Passivrauchens würden überschätzt, er hat auch nichts dagegen, dass sein Sohn Zigarre raucht. Abends kam der Vater spät nach Hause, hat sich nie eingemischt in die gelegentlichen Reibereien zwischen seiner Frau und seiner Schwiegermutter. Ein Einzelgänger, aber sozialverträglich, wie Basti, sein Sohn, der sich nicht mal an einen Streit im Job erinnern kann. Einmal, meint er, hätte er eine Mahnung schreiben müssen. Das war es schon an Konflikten in seinem Arbeitsleben. Basti ist der einzige Nicht-Naturwissenschaftler in dem Haushalt. Aber auch bei der Berufswahl hat ihm niemand reingeredet, nicht mal, als er das Studium hingeschmissen hatte.

Er lebt im Appartement unterm Dach. Seine Oma im ersten Stock, die Eltern im Erdgeschoß, der schönsten und größten Etage. Oben hat Basti dennoch reichlich Platz, 80 Quadratmeter unter Dachschrägen, Schlafzimmer, große Wohnküche mit Sofa, Bartresen, großem Fernsehbildschirm und Schwarzweißfotografien an den Wänden. Viel Stauraum, wunderbare Espressomaschine, es darf geraucht werden. Er putzt selbst, die Putzhilfe seiner Eltern mag er nicht in Anspruch nehmen, die sei nicht mehr so belastbar.

Die Tür zu Bastis Junggesellenbude ist zu, aber nicht abgeschlossen. Ruhig ist es hier oben, weshalb der Familienhund die Nächte bei Basti auf dem Sofa verbringt, damit er nicht gleich beim kleinsten Türenschließen auf der Straße anfängt zu bellen. Auch wenn Basti nicht zu Hause ist, wird der Hund nachts hochgeschickt. Zum Frühstück schickt Basti ihn runter. Die Oma kommt manchmal hoch, wenn Basti nicht arbeiten muss. Auch die Eltern. Sie klopfen alle.

Bogenhausen, früher mal eher vorstädtisch, heute mit hoher SUV- und Porschedichte. Links im Nachbarhaus wohnt eine weitere Großfamilie: vier Generationen unter einem Dach, der Urgroßvater war katholischer Pfarrer. Rechts neben Basti wohnte lange der Besitzer vom Leierkasten, einem renommierten Münchner Bordell. Die Kinder von links sollten nie mit den Kindern von rechts spielen. Aber Basti hatte eine schöne Kindheit.

Die Eltern hat er noch nie richtig streiten erlebt – »kann mich nicht erinnern, dass die mal länger als zwei Stunden aufeinander sauer gewesen wären.« Nur Mutter und Oma hatten immer wieder größere Auseinandersetzungen. Seit Basti nicht mehr in die Schule geht, frühstücken die Eltern gemeinsam im Bett, der Vater macht Häppchen. Die Oma wird später mit einer Tasse Tee und einer Butterbrezen versorgt. Wenn die Eltern einmal im Jahr nach Elba verreisen, übernimmt Basti. Er kocht dann auch für die Oma, die ihr Leben lang eine Haushälterin gewohnt war und bekocht wurde und es nicht als standesgemäß erachtete, das Kochen noch irgendwann zu erlernen. Basti kocht gerne. Italienisch und asiatisch. Ein-, zweimal die Woche essen sie alle gemeinsam. Oben oder unten bei den Eltern. Jeder hat eine eigene Küche. Basti kümmert sich auch um den Garten, übernimmt immer mehr die anfallende Bürokratie im Einfamilienhaus und ist allmählich in die Rolle des Familienoberhaupts hineingewachsen. Der Vater lässt ihn gewähren, erst recht seit seiner Krebserkrankung, und verstärkt seit Corona, wo er der Einzige in der Familie blieb, der Kontakt zur Außenwelt hielt.

Mein Schwager schaut öfters Fußball mit Basti. Champions League oder Spiele der Nationalmannschaft. Die Oma immer mit dabei, wenn Basti seine Kumpels vor den Fernseher ruft oder Ende Juli zu seinen Geburtstagspartys in den Garten. Tiger lautet ihr Spitzname, 100 Jahre ist sie alt. Sie mag Fußball, sie mag die Gesellschaft junger Leute, und sie kann laut Basti ihre beginnende Demenz gut hinter flüssigem Small Talk verstecken. Auch Bastis Freunde rufen sie Tiger. Fragen nach ihr. Vor Corona hat Basti sie noch regelmäßig ins Schumanns zum Mittagessen ausgeführt. Wenn Charles, der Barkeeper, Anspielungen auf ihr Alter machte, dann hat sie ihn stets nach ihrer Freundin und seiner Ex-Freundin gefragt. Tiger hat Krallen.

Tiger übernahm schon als junge Frau das Regiment in der Familie. Ihr Mann war Arzt und ging im Krieg an die Front. »War auch sonst ein Hallodri«, erzählt Basti. Der Großvater kam traumatisiert und morphiumabhängig zurück, kümmerte sich nicht um die Familie. Früher Suizid. Basti lernte ihn nie kennen. Tiger ging als Ärztin arbeiten, um die Tochter und sich durchzukriegen. Eine Haushälterin zog die Tochter groß. Tiger pflegte immer einen gewissen Dünkel, war meinungs- und geschmacksstark, dominant, herrisch auch gegenüber der Tochter. Er mag Tiger gern, aber der weltoffenen Mutter fühlt er sich näher.

Basti und die Frauen. Älter als er in der Regel. Gern auch alleinerziehend mit Kindern, großen wie kleinen. Meine Schwester hat schon mal vermutet, dass er sich vielleicht nur Frauen mit Kindern sucht, damit die gar nicht erst auf die Idee kämen, mit ihm woanders zusammenzuziehen zu wollen. Basti sagt, er sei mit allen Kindern seiner Partnerinnen bisher gut ausgekommen. Obwohl er selbst nie welche wollte, er sagt, er wisse nicht warum. Jedenfalls wären fremde Kinder sicher kein Hinderungsgrund gewesen, und er sei ja gar kein prinzipieller Gegner des Zusammenziehens. »Es hat sich nie ergeben«, sagt er, »nur einmal wollte ich tatsächlich nicht, weil die Beziehung und die Frau mir nicht stabil genug erschienen.«

Die Eltern sind neugierig, wer bei Basti ein- und ausgeht, aber sie zügeln ihre Neugier. Fragen nicht nach, wenn der Sohn sagt, er bekomme Besuch, ohne Namen zu nennen. Sind überaus diskret, aus Angst, dem Sohn zu nahe zu treten in dieser ohnehin nahen Situation. Basti hat eine Zeit lang Miete an Tiger gezahlt, der das Haus gehörte. Das fanden dann aber bald alle Beteiligten albern. Basti zahlt meist die Reparaturen und viele Einkäufe, eine Hand hilft der anderen, niemand rechnet ab oder irgendetwas gegen. Jeder schmeißt die Waschmaschine an, wenn der gemeinsame Wäscheberg im Keller zu groß wird, und Basti bügelt auch mal die Hemden des Vaters mit. Und wenn einer im Haus jemanden maßregelt und zu mehr Ordnung ruft, dann ist es der Sohn: »Meine Mutter lässt ihre schmutzigen Wandersocken oft im Hauseingang liegen.«

Natürlich wird die Wohnsituation immer wieder Thema. Die Eltern machen sich bis heute Sorgen, dass ihr Sohn zu viel opfern würde, um bei ihnen zu wohnen. Der Sohn sagt, er opfere nichts. Es gefalle ihm so. Er fühle sich frei. Schon als Kind sagte ihm niemand, wann er zu Hause sein sollte. Wenn er morgen eine Frau aus Mailand träfe, würde er seinen Eltern ohne mit der Wimper zu zucken sagen, dass er von jetzt an viel Zeit in Italien verbringen werde. Er führe eh das Leben eines Bohemiens. Ist unter der Woche selten abends zu Hause – vor und nach Corona. Lasse sich kurzfristig nach Sardinien auf die Jacht einer Freundin einladen. Niemand müsse sich um ihn sorgen.

»Mein Leben war immer ein gerader Waldweg. Ohne Kreuzung, ohne Abzweigung. Ich musste mich nie entscheiden, wohin ich gehen wollte, ob ich gar weggehen mochte. Es gab nie die Gelegenheit, und ich habe sie nie gesucht. Ich bin kein Abenteurer. Ich habe die Dinge immer auf mich zukommen lassen. Job, Freunde, Frauen, alles ergab sich hier, und ich bin eigentlich immer sehr gut gefahren, wie es sich einfach so ergeben hat.«

Es ist nicht nur die Bequemlichkeit, die ihn hält. Wenn es seine Familie einmal nicht mehr geben sollte, kann er sich nicht vorstellen, weiterhin in dem Haus zu leben.

Basti hält seine Wohnsituation nicht für ein nachahmenswertes Modell, er sagt, es funktioniere eben nur für ihn sehr gut. Er gibt einem die Ahnung, die Hoffnung, dass es klappen könnte, mit seinen Eltern zusammenzuwohnen.

Aber er hat schließlich auch nicht meine Mutter gehabt, meine Eltern sind ohnehin schon lange tot, deswegen kommt das Modell WG mit den Eltern für mich nicht infrage. Leider. Gott sei Dank.

7 PENSION LEOPARD
Meine WG-Historie

Meine eigene WG-Historie beginnt mit meiner Mutter. Nach der Scheidung meiner Eltern blieben wir beiden Kinder erst bei meinem Vater. Als meine Schwester ins Internat musste – sie sollte unbedingt das Abitur schaffen –, zog ich zu meiner Mutter. Ich zog zu ihr, weil mein Vater eifersüchtig war. Meine Mutter hatte ihn verlassen, und er wollte mir den Umgang mit ihr erschweren, sagte, ich müsse um acht Uhr abends zurück sein, wenn ich sie in der Stadt besuchte, das musste ich nie, wenn ich in Gauting, dem Vorort, in dem wir wohnten, unterwegs war, da durfte ich nach Hause kommen, wann ich wollte. Ich log ihn also an, wenn ich meine Mutter traf, er erfuhr es und schrie mich an. Irgendwann gab ich auf (es renkte sich später alles wieder ein) und zog zu meiner Mutter, die mich schon seit Längerem bei sich und ihrem neuen Mann haben wollte.

Ich war 15 Jahre alt, als ich aus dem Münchner Vorort, wo wir aufgewachsen waren, in die Stadt kam.

Es war Sommer, ich musste die Schule wechseln, schon im darauffolgenden Winter zog der nächste, der dritte Ehemann meiner Mutter aus. Meine Mutter heulte wochenlang, stürzte sich ins Nachtleben, wurde allmählich drogensüchtig (was ich damals kaum erahnte) und brachte die merkwürdigsten Bekannten aus dem Nachtleben mit nach Hause, nach der Sperrstunde, die es Anfang der Achtzigerjahre in München noch gab. Meine Mutter galt als prominent, ihr Name war Barbara Valentin. Sie wurde als sogenanntes Busenwunder Ende der Fünfzigerjahre berühmt, vor allem weil sie einmal barfuß mit dem König von Jordanien auf irgendeinem Ball tanzte – er war so klein, deshalb hatte sie die Schuhe ausgezogen, so erzählte sie es mir, oder vielleicht las ich es später auch nur in der Boulevardpresse. Sie arbeitete daraufhin jedenfalls als Schauspielerin, irgendwann nannte man sie respektvoller »Charakterdarstellerin«, weil sie Anfang der Siebziger bei einigen Fassbinder-Filmen mitmachte.

Jedenfalls kamen deshalb einige Schauspieler, Schriftsteller, Künstler zu uns in die Wohnung, auch Leonard Bernstein war wohl mal da, viele schwule Freunde meiner Mutter, eine Lehrerin, die mir Avancen machte und mir damit einen großen Schrecken einjagte, denn sie war um einiges älter als ich; ein Dealer, der sich bei mir anbiedern wollte und mir Haschisch anbot, ein wodkaabhängiger Auschwitzüberlebender, der mich bei einer späteren Verabredung zum Tischtennis mühelos von der Platte fegte, viele einsame Menschen, die Unsinn redeten, einige mochte ich, andere fand ich als Teenager unausstehlich. Manchmal wagte ich es, spät nachts darum zu bitten, die Musik leiser zu stellen. Oft saßen sie noch in der Küche und in Barbaras Schlafzimmer, wenn ich morgens zur Schule aufbrach. Und falls einmal niemand mehr da war, stank es nach Zigaretten und Cognac. Bald ließ jemand Visitenkarten für meine Mutter drucken, der Name darauf: Pension Leopard. So hieß ihre, nein, unsere Wohnung fortan. Die Pension lag günstig in der Stadtmitte, gleich um die Ecke vom alten Schumanns, auch deswegen kamen die Leute immer gern noch auf einen Sprung vorbei, sobald das Lokal schloss. Ich fands grauenhaft.

Binnen Kurzem zogen einige dieser Bekannten tatsächlich bei uns ein: Schauspieler, die nur für ein paar Drehtage in München Unterkunft suchten. Ich erinnere mich an einen Polizisten, der partout keine Wohnung fand. Da gab es Lothar, der kellnerte, kochte und mir noch die Haare schnitt, als er schon längst wieder ausgezogen war. Ein berühmter und verheirateter Schauspieler der Kammerspiele benutzte das Gästezimmer als Stundenhotel für Treffen mit seiner jungen Geliebten. Barbara war nicht mit all diesen Menschen befreundet, aber sie war sehr offenherzig, es war ihr egal, was jemand darstellte oder ob er berühmt, reich oder intelligent war. Sie half Menschen gern, vor allem, wenn es ihr keine Mühe bereitete. Manche dieser Gäste blieben nur ein, zwei Wochen lang, ein schwules Paar blieb ein Jahr, weil ihre Wohnung saniert wurde: Albi und Freddie. Ich sollte wohl erwähnen, dass Albis Freddie nicht Freddie Mercury war, den kannte meine Mutter auch, sie waren befreundet, aber er wohnte nicht bei ihr, und ich bekam ihn kaum mit. Albi und Barbara kannten sich seit ihrer Schulzeit in Bruchsal bzw. Karlsruhe. Und ersterer Freddie war Albis junger Geliebter.

Ich nenne die dreieinhalb Jahre Zeit bei meiner Mutter nicht nur deswegen Wohngemeinschaft, weil wir so gut wie immer mit anderen zusammenwohnten, sondern auch weil Erziehung so gut wie nicht mehr stattfand. Meine Mutter hatte genügend mit sich zu tun, und ich als schüchterner Teenager frisch aus der Vorstadt auch mit mir.

Albi und Freddie wurden für mich eine Art Familienersatz. Albi brachte mir Kochen bei, Hühnersuppe und Bolognese. Beide nahmen mich mit in die angesagten Discotheken Münchens, obwohl ich da noch gar nicht rein durfte, ich war noch zu jung. Sie luden mich in Restaurants ein, kauften mir Klamotten (beide waren Designer und liebten es auf Flohmärkte zu gehen). Freddie lieh mir sein Mofa, wann immer ich wollte, bis es mir vor der Schule geklaut wurde. Er machte mir keinen Vorwurf, und er wollte auch kein Geld dafür, weder von mir, noch von meiner Mutter.

Mit Albi fuhr ich auch nach Formentera, wo er ein kleines Haus am Strand hatte. Ich erzählte ihnen von meinem Liebeskummer wegen Mädchen, und sie zeigten mir Transenbars in Barcelona. Das schwule Paar ging gern in Hetero-Discos, meine Mutter dagegen nur in Schwulen-Discos. Ich wäre niemals auf die Idee gekommen, sie zu begleiten, und sie auch nicht, mich mitzunehmen. Ich wäre wahrscheinlich auch nicht mit meiner Mutter allein nach Mexiko über Weihnachten und Neujahr geflogen, wenn wir nicht Albi und Freddie dort getroffen hätten. Auf die beiden konnte ich mich damals mehr verlassen als auf sie.

Sonntags sahen wir gemeinsam fern. Wir saßen dann bei Albi und Freddie im Bett. Ohne Barbara. Albi und Freddie kümmerten sich um mich wie eine Mutter. Sie sagten: »Lass sie ein wenig spinnen, sie fängt sich schon wieder.« Das tat sie nicht. Depressive Tage im Bett wechselten sich bei ihr mit durchgemachten Nächten ab. Meine Mutter und ich trafen uns gelegentlich. Meist nicht mal zu Hause, sondern in der Deutschen Eiche, ihrem Wohnzimmer, wie sie es nannte, zum Mittagessen nach der Schule. Sie streichelte mir dann über den Kopf, fragte, wie es so ginge und sagte, ich könne mit allen Problemen immer zu ihr kommen – »auch wenn eine mal schwanger ist«. – »Ist gerade nicht, Mama, aber wie wäre es, wenn du mal pünktlich bei unseren Verabredungen wärst?«

Meine drogensüchtige Mutter hatte mir Mädchenbesuch eigentlich verboten – »Da mach ich mich ja der Kuppelei strafbar.« Das ehemalige Busenwunder war in mancherlei Hinsicht eine große Spießerin. Das allein war schon keine gute Basis für unsere Wohngemeinschaft.

Die Wohnung war schön. Altbau, vierter Stock, vier große Zimmer, nur eines, meines, nach vorne zur Straße raus und mit Dachschräge am Ende. Langer Flur, mit beigen und blauen Stoffen tapeziert, Balkon hinten zum Hof der Kammerspiele, in einer Seitenstraße von der Maximilianstraße, Münchens teuerster Einkaufsstraße gelegen, aber in der Wohnung war es ruhig. Ich brauchte nur 18 Minuten mit dem Fahrrad zur neuen Schule in Schwabing. Es hätte eine tolle WG sein können.

Meine Mutter vermietete das vierte Zimmer meist, sie konnte das Geld sicher gut gebrauchen, nötig hatte sie es wohl nicht. Albi und Freddie wohnten umsonst. Sie kochten, sie machten auch ihr gute Laune, die beiden wiederum waren resistent gegen ihre schlechte Laune und Katerstimmung. Barbara konnte und wollte nicht mehr allein sein, deswegen hatte sie Gäste und Untermieter.

Für mich wäre das Zusammenleben mit meiner Mutter ohne Albi und Freddie unerträglich gewesen. In dieser Konstellation blieb ich einigermaßen behütet und weitgehend unbeschadet. Dieses eine Jahr WG habe ich als ein gutes in Erinnerung, trotz all der psychischen Probleme meiner Mutter, trotz der Razzia, die bei uns stattfand, wie auch meine Lehrer am nächsten Tag aus der Boulevardpresse erfahren konnten. Ich wurde in Sippenhaft genommen. Der Vater eines Freundes bezichtigte mich in der Schule, seinem Sohn Gras zu beschaffen.

Ärger um den Einkauf oder das Putzen gab es in dieser WG nicht. Albi kaufte ein. Eine Putzfrau kümmerte sich um das Nötigste. Dreimal die Woche kochte Albi, und es gab etwas Warmes zu essen, meine Mutter hatte das Kochen längst eingestellt. Wie schade. Ich mochte die wenigen Gerichte, die sie konnte. Huhn Bombay nannte sie eines mit Pfirsichen und Curry.

Die beiden anderen Jahre und die übrigen Untermieter sind in der Erinnerung verblasst. Aber eine WG fand ich von Anfang an ein sinnvolles Konzept, geeignet, um sich gegenseitig zu unterstützen, im Zweifel sogar geeigneter als die eigene Familie. Undenkbar, wenn ich mit meiner Mutter allein geblieben wäre. Nicht dass ich sie nicht geliebt hätte – oder sie mich –, aber ich fand sie als Mitbewohnerin unausstehlich und als Mutter eines Teenagers nicht geeignet.

Nachdem Albi und Freddie beide auszogen waren, fand ich bald meine erste feste Freundin, bei der ich oft übernachtete, schließlich machte ich Abitur und zog zum Studium nach Berlin.

Freddie starb irgendwann Anfang der Neunzigerjahre an Aids, ich hatte ihn all die Jahre nur noch ein-, zweimal gesehen und auch von seinem Tod erst viel später gehört. Albi zog 1990 nach Mexiko und baute in Playa del Carmen ein kleines Hotel am Strand. Ich besuchte ihn dort einmal und auch zwei, drei Mal auf Ibiza, wo er die Sommermonate verbrachte. Mit ihm blieb ich bis zu seinem Tod 2018 in losem Kontakt. Einer Freundin gegenüber gab er sich einmal als mein Stiefvater aus. Das stimmte natürlich nicht, aber es gefiel mir. Wir waren WG-Familie. Und das verband uns auch später.

In Berlin wohnte ich erst mal zur Untermiete bei drei Filmleuten, alle um die zehn, fünfzehn Jahre älter als ich. Ein Pärchen und eine Freundin von ihnen. Das Pärchen hätte gern schon damals ganz allein gewohnt, ohne die Freundin, aber die Wohnung war so günstig, dass die Freundin nicht ausziehen wollte. Es war eine riesige Altbauwohnung in einer Querstraße vom Kurfürstendamm, sicher 200 Quadratmeter groß. Mit Berliner Zimmer, insgesamt waren es allerdings nur vier Zimmer. Ich schlief in einer Art Kofferkammer über der Küche, mit Fenster zum ruhigen Innenhof. Meine Tasche und eine Leselampe hatten neben der Matratze so eben Platz. Man konnte in der Kammer nicht stehen, allenfalls knien. Über eine Leiter vor der Badezimmertür kletterte ich abends hoch und morgens runter. Ich war Gast, jung, schüchtern, gern gesehen, der Vater meiner Freundin hatte seine Freunde gebeten, mich für den Anfang in der neuen Stadt doch aufzunehmen. Ich bin mit meinem Fahrrad und einer großen Tasche nach Berlin gezogen und vermisste in der kleinen Kammer nichts.

Ich mochte die drei, Ulf nahm mich mit ins Kino und erzählte mir einiges vom Marxismus. Wenn sie mich gefragt hätten, ich wäre gern in ihrer WG geblieben, aber ich blieb nur Gast. Auch Ulf ist heute schon tot. Herzinfarkt auf dem Laufband mit sechzig. Ingrid, seine Frau und auch die Mutter zweier gemeinsamer Töchter, lebt heute allein in der Wohnung.

Nach dreieinhalb Monaten wurde es allmählich Zeit vom Kudamm weiterzuziehen. Ich wohnte weitere drei Monate zur Untermiete bei einer Freundin der Mutter eines Schulfreundes. Im Corbusierhochhaus. Von meinem Zimmer aus konnte ich Spielzüge bei den Heimspielen von Hertha im Olympiastadion erahnen. Ich fühlte mich wohl bei der Dame, sie gehörte zur 68er-Generation. Ohnehin fuhr ich noch jedes zweite Wochenende zur Freundin in München, aber die Zeit reichte, um zu lernen, dass ich mich schwer tat in echter

Untermiete, noch dazu möbliert, nur geduldet, ohne wirkliche Rechte. Es blieben bisher in meinem Leben auch die einzigen drei Monate als Untermieter.

Schließlich eine Einzimmerwohnung ohne Bad mit Kohleofen in Moabit, damals noch einem reinen Arbeiterviertel, in dem die meisten Wohnungen Mitte der Achtzigerjahre längst noch keine Zentralheizung besaßen. Aber ich war endlich nicht mehr Untermieter oder Gast, das wird auf die Dauer anstrengend, man muss ja höflich bleiben. Meine erste eigene Wohnung erlebte ich dennoch nicht als große Befreiung, eher als Beschwernis. Das Kohleschleppen in den vierten Stock stellte ich bald ein und fror lieber. Statt im Schwimmbad gegenüber zu duschen und meine Klamotten im Waschsalon zu waschen, fuhr ich lieber regelmäßig zur Grundreinigung in die Heimat nach München. Ich fühlte mich allein in der ersten Wohnung, die ich für mich allein hatte. Und ich verlor ganz schnell die Lust am Alleinewohnen.

Danach hatte ich ein Zimmer in einer Geigenbauwerkstatt nahe der TU, das war seltsam, denn als Student beginnt man den Tag ja später als ein Geigenbauer, und der findet es auch blöd, wenn man in der gemeinsamen Küche um neun Uhr erst mal gemütlich einen Kaffee aufsetzt, während er schon seit sieben arbeitet. Nein, wohnen, wo andere nur arbeiten, ist ungemütlich, und umgekehrt sicherlich auch.

Meine letzten sechs Monate in Berlin verbrachte ich in einer WG mit zwei Kommilitoninnen. Andi kannte ich aus München, sie war die Cousine meiner ersten großen

Liebe. Verena war ihre Freundin. Es war eine schöne Altbauwohnung mitten im ruhigen Charlottenburg, mit einem von der Bauaufsicht gesperrten Balkon, den wir gleich mit zwölf Leuten testeten. Die Einrichtung war spartanisch. Matratze, Schreibtisch, Stuhl, ich besaß als Einziger einen Fernseher und zum ersten und letzten Mal in meinem Leben auch eine Zimmerpflanze, einen Ficus Benjamini. Ich dachte, der würde schon dafür sorgen, dass ich mich zu Hause fühlte. Keine Ahnung, wie ich auf die Idee gekommen bin.

Wir hatten immer viele Gäste und Besuch aus München. In den sechs Monaten gab es wohl kaum eine Nacht, in der niemand bei uns übernachtet hätte. Es war laut, oft bis in die frühen Morgenstunden, auch unter der Woche. Ich erinnere mich nicht, dass ich einmal das Klo geputzt hätte. Kann das sein? Nein, sicher nicht. Ich erinnere mich aber auch an keinen einzigen Streit um den Abwasch oder das Putzen. Und Andi redet heute noch mit mir. Wir hatten damals mit zwanzig einfach Wichtigeres zu tun als zu wohnen. Und auch Wichtigeres als zu studieren. Diese Spaß-WG war kein Lebensmodell, das sich für Ü30 eignen würde, aber für einen lustigen Sommer von Zwanzigjährigen war es gerade recht.

Nach zwei Jahren zog ich zurück nach München und wechselte das Studienfach. Literatur statt Architektur. Ich zog mit Moose zusammen, einem Freund. Er war Autoelektriker, in meinem damaligen Freundeskreis einer der ganz wenigen ohne Abitur, etwas älter als ich. Wir wohnten erst zu zweit in einer Wohnung mit zugigen Fenstern ohne Zentralheizung und Warmwasser aus dem Boiler. Die Briketts für den Ofen schleppten wir nur selten hoch in den fünften Stock. Wir froren lieber. Die Wohnung am Schlachthof im Münchner Süden war spottbillig. Ich studierte Literatur und Philosophie, wollte kein Geld mehr von meinen Eltern, aus schlechtem Gewissen, weil ich nicht wusste, was ich mit dem Studium einmal anfangen könnte, lieber suchte ich mir einen Job. Moose hatte nach einer Autoelektrikerlehre keine Lust, weiter bei Mercedes zu arbeiten und reparierte jetzt Autos von Bekannten auf Rechnung. Die meisten unserer Freunde und Bekannten hatten alte Autos, an denen alle Nase lang etwas kaputt ging. Ich auch bald. Unsere Eltern folgten als Kunden. Moose half. Wir hatten wenig Geld, aber es reichte für ein unbeschwertes Nachtleben und viele Nächte, in denen wir Karten spielten, Schafkopf.

Zum Frühstück rauchten Moose und ich oft eine Packung Zigaretten und unterhielten uns über Frauen und das Weltgeschehen. Moose kannte sich aus, er hatte immer eine Freundin, bis heute. Er ist liebenswert, großzügig, geduldig, er sieht gut aus, trug seine pechschwarzen Haare schon immer lang, Drei-Tage-Bart, dabei ein charmantes Bayerisch, genauer gesagt: Münchnerisch auf den Lippen.

Nach zwei Jahren sollte die Wohnung luxusrenoviert und in eine Eigentumswohnung umgewandelt werden, und wir zogen um in eine Wohnung, die uns der Investor als Ersatz vermittelte. Drei Zimmer, Toilette im Treppenhaus, wir nahmen noch ein Mädchen bei uns auf. Moose wollte das so, er sagte, er hätte noch nie mit einer Frau zusammengewohnt und wolle das unbedingt einmal ausprobieren. Meinetwegen. Bettina also. Fünf Jahre jünger als wir. Auch ordentlicher. Goldschmiedin, blond, fester Freund, sie war für uns ein guter Kumpel. Großartiges Hühnerfrikassee konnte sie kochen. Es war öfter nichts im Kühlschrank, Moose und ich waren ziemlich verplant und verpassten regelmäßig die Öffnungszeiten des Supermarkts. Das Geschirr stapelte sich im Waschtisch im Gang, es war das einzige Waschbecken in der Wohnung, und wir mussten uns über den Tellerstapeln auch die Zähne putzen. In der Küche hatten wir eine mobile Dusche installiert, der Küchentisch hing an Drahtseilen.

Jeder von uns drückte sich so lange es ging vor dem Abwasch. Meist verlor Bettina als erste die Geduld und erbarmte sich des Geschirrberges. Sie zeigte uns ihre schlechte Laune wegen unseres schlechten Benehmens, aber sie hatte ein großes Herz. Nach drei Jahren verließ ich die beiden und zog mit meiner baldigen Frau zusammen.

Ich hatte engere Freunde damals, aber die Freundschaft mit Moose ist im Laufe der Jahre immer enger geworden. Ich könnte jederzeit mit ihm wieder zusammenziehen, aber er hat immer eine Freundin, und die jetzige will nicht mit mir, dabei glaube ich, dass sie mich gern mag. Ich habe Moose jedenfalls gefragt, ob sie sich vorstellen könnten, mit ihrem kleinen Sohn bei mir einzuziehen. Moose fragte seine Freundin. Eine Familie muss allein wohnen, meinte Janina. Das dachte ich ja auch einmal.

Ich zog schnell mit meiner späteren Frau zusammen. Vielleicht, wahrscheinlich zu schnell. Ob unser Zusammenleben die spätere Trennung befördert hat? Sie würde wahrscheinlich sagen, ja. Ich glaube, es hat so lange ohne Klagen und Krach funktioniert, wie wir uns geliebt haben. Und für das Ende der Liebe gab es andere Gründe. Sie hat selbst- und klaglos zugunsten der Kinder und zugunsten von mir zurückgesteckt. Nach den Schwangerschaften schnell wieder halbtags angefangen zu arbeiten, aber bald auch den Angestelltenjob aufgegeben und weiter frei gearbeitet. Sie erledigte auch dann noch einen Großteil der Hausarbeit, als sich die Kinder auf den Weg ins Leben machten. Wir hatten immer wieder eine Putzfrau, aber ich putzte nie mehr als mein eigenes Zimmer. Ich dachte, wir hätten eine mehr oder weniger gerechte Aufgabenteilung: Ich erledige die Steuer und sämtlichen Bürokratiekram und einen Großteil des Geldverdienens, fahre den Sohn zum Fußball und am Wochenende die Tochter in den Reitstall; die Frau erledigt den Rest. War sicherlich nicht ausgeglichen die Verteilung. Aber sie tat sich auch schwer, Dinge abzugeben. Bevor ich sie traf, kochte ich ganz gern ab und zu. Die Lust trieb sie mir aus, weil sie mir reinredete. Rotwein ins Hühnerfrikasse? Da stellte ich das Kochen endgültig ein. Und natürlich war sie trotz des Rotweinirrtums die weit bessere Köchin.

Gemeinsames oder füreinander Kochen ist eines der wirksamsten Heilmittel für jede Wohngemeinschaft. Ein amerikanischer Freund erzählte mir, wie es ihm gelang, seine heillos zerstrittene Wohngemeinschaft in Zürich allein durch gemeinsame Essen zu befrieden.

Meine Frau und ich lebten noch Jahre lang zusammen, obwohl wir kein Liebespaar mehr waren und keins mehr sein wollten. Wir hatten hässliche Streits miteinander, die wir vor einer Familientherapeutin fortsetzten, und irgendwann dachten wir, uns bliebe kein anderer Ausweg als die Trennung. Es wurde besser, nachdem wir die Trennung beschlossen hatten. Wir lebten friedlich zusammen. Wir fragten nicht mehr, mit wem wir uns jeweils verabredeten. Wir hatten immer noch ein gemeinsames Konto. Kauften auch füreinander ein, kochten mehr, damit für den anderen etwas übrig bliebe, verabredeten uns, wenn es etwas zu besprechen gab oder wenn wir meinten, aus alter Verbundenheit oder um der Kinder willen einmal nett sein zu müssen. Fuhren gar mit den Kindern noch gemeinsam in den Urlaub. Wir beide wussten, unsere WG wäre kein Dauerzustand. Könnte ja sein, dass einer von uns sich noch mal auf das Wagnis einer neuen Beziehung einlassen wollte, aber eins war auch klar: Kein Sex in der Ex-Ehe-WG.

Eine Scheidung ist teuer und kann schmerzhaft sein, aber die Wohnungssuche nach einer Trennung ist in München grauenhaft. Die Situation auf dem Wohnungsmarkt wurde seit Jahren immer schlimmer. Wir waren längst nicht das einzige Paar, das glaubte, sich eine Scheidung nicht leisten zu können.

Jürgen, den ich vom Fußball kenne, lebte noch fünf Jahre mit der Mutter seiner Kinder zusammen. Die letzten drei hatte er eine Freundin, mit ihr wollte er gleich zusammenziehen, aber die beiden brauchten drei Jahre, um eine bezahlbare Wohnung zu finden. Zwei Jahre lebten sie zusammen. Jetzt hat Jürgen bei mir angerufen, ob denn immer noch ein Zimmer frei wäre.

Geht das überhaupt, jemanden wirklich zu verlassen, wenn man weiterhin mit ihm in einer Wohnung lebt? Oder demonstriert man dem Ex-Partner damit nicht auch unterschwellig, dass man im Zweifel immer noch für einen weiteren Versuch zur Verfügung stünde? Für Jürgen ging die Suche jedenfalls von vorne los. Frau und Wohnung.

Das passierte zu der Zeit, als Li, mein chinesischer Mitbewohner, zum ersten Mal daran dachte, den Job zu schmeißen und sich den nächsten in Berlin zu suchen. Wenn Li auszöge, wäre Platz für Jürgen gewesen. Aber es dauerte, bis Li seine Situation geklärt hatte. Und Jürgen wollte dieses Mal schneller ausziehen als nach der letzten Trennung.

Henno, Welfs Vater, bei dem ich ein halbes Jahr wohnte, sah nächtelang Fernsehen, als seine Frau gestorben war und er allein zurückblieb. Werde ich das auch machen, wenn ich in sein Alter komme? Die immer gleichen Dokus über den Zweiten Weltkrieg? Nein, der Krieg ist das Trauma der Generation, die Ende der Dreißiger-, Anfang der Vierzigerjahre geboren wurde. Ich werde mir Dokus über Kokain, Corona und neue Formen des Zusammenwohnens ansehen.

Wer allein wohnt, muss sich um alles kümmern. Den Garten, das Putzen, das Einkaufen, jede verdammte Milch für den Frühstückskaffee. Jede Rechnung. Jeder

Termin mit dem Schornsteinfeger, dem Heizungsinstallateur, dem Dachdecker oder dem Paketboten. Ich habe immer wieder allein gewohnt in meinem Leben, auch bei meiner Mutter war ich oft allein. Ich kann das, aber ich habe keine Lust mehr dazu.

Meine Frau fand zuerst einen neuen Partner. Bei mir dauerte es ein halbes Jahr länger. Nach den ersten merkwürdigen Anrufen, wann denn mit meiner Rückkehr aus dem Urlaub zu rechnen sei, war klar, dass einer aus dem gemeinsamen Haus ausziehen musste. Wir einigten uns auf eine Anwältin, aber die Scheidung bzw. der Notartermin zogen sich hin. Wir zankten ein bisschen um den Wert des gemeinsamen kleinen Hauses, ich bekam keinen Kredit, um meine Ex-Frau auszubezahlen, sie erklärte sich schließlich einverstanden, mir das Geld zu leihen, mit dem ich sie ausbezahlen musste. Der Zinssatz kam uns beiden entgegen. Wir sind einander ein bisschen beleidigt aus dieser Zeit, aber wir sind gut miteinander, würde ich sagen. Wir mögen uns, wir wünschen uns das Beste, auch wenn wir beide froh sind, nach vielen Jahren den Beziehungskampf losgeworden zu sein. Kann man so sagen, Karen, oder?

Warum ich mit der Ex-Frau anfange, bevor ich zur neuen Freundin komme? Na, weil im ungünstigsten Fall die alte Beziehung die neue behindert.

Meine neue Freundin war schon seit einigen Jahren geschieden. Ihr Ex wohnte zwei Stockwerke unter ihr im Souterrain. Er sagte, das sei praktisch wegen der gemeinsamen Kinder. Noch zehn Jahre nach seinem

Auszug versuchte er, sich in die ehemalige gemeinsame Wohnung einzuklagen.

Wenn der Ex und ich uns im Treppenhaus begegneten, grüßten wir einander.

Meine Freundin ist in vielem das Gegenteil von meiner Ex-Frau. Wenig patent. Eher Typ verwöhnte Tochter. Ein bisschen wie meine Mutter: bisweilen kapriziös und verzogen und launisch. Divenhaft. Strapaziert als alleinerziehende Mutter von ihren drei süßen Halbwüchsigen, von ihrem Job, von ihrem Chef, ihren Kolleginnen, ihren Freundinnen, die Karriere gemacht und sich selbst verwirklicht hätten, während sie sich in einem anstrengenden Angestelltenjob herumärgern musste.

Aber sie ist ehrlich. Verstellt sich nicht. Spielt keine Spielchen. Sie ist nicht rachsüchtig. Unvorstellbar, dass sie drei Tage nicht mit mir sprechen würde, um mich nach einem Streit zu bestrafen. Sie gab mir das Gefühl, gebraucht zu werden, nachdem ich bei meiner Ex-Frau zuletzt das Gefühl bekommen hatte, sie wolle mir ständig beweisen, alles besser zu können als ich. Die Freundin bewunderte mich bisweilen sogar. Sagte sie zumindest. Mit ihr fühlte ich mich großartig. An den Wochenenden war es mir egal, was unter der Woche passiert war, Ärger in der Arbeit konnte ich bei ihr komplett vergessen. Noch einmal die große Liebe. Endlich kein Geschlechterkampf mehr. Sie forderte geradezu, dass ich bestimmen sollte, was sie ihrem Sohn sagen soll, wenn er wieder muffig war, wohin wir in Urlaub fahren, den ich auch ruhig bezahlen durfte. Sie hatte nach zehn Jahren als alleinerziehende Mutter die

Schnauze voll davon, jede Entscheidung allein treffen zu müssen. Bei manchen Dingen behielt sie allerdings die Oberhand. Sie wollte festlegen, was schön ist, da wollte sie der Alleinbestimmer sein, auch was guter Stil ist, und so sollte ich mich doch gefälligst kleiden, und mein verbeulter roter Volvo mit der silbernen Heckklappe, der sei ja so was von indiskutabel, genau wie die bunten Unterhosen und ausgefransten T-Shirts, die gehen ja überhaupt nicht. Und mein Haus? Da wollte sie mich nie besuchen, schon gar nicht könne sie sich vorstellen, dort einzuziehen. Diese Möbel, diese kleinen Zimmer, der ungepflegte Garten. Und meine vielen Mitbewohner erst!

Im Zweifel gab ich der Freundin gerne nach, besuchte stets sie, erwartete nicht, dass sie mal vorbeikäme. Sie war so geschickt darin, mich glauben zu lassen, ich täte es aus freien Stücken. Selbst beim Auto. Als mein Sohn den alten Volvo in Kroatien zu Schrott fuhr, kaufte ich erst ein günstiges von Moose, nein, er schenkte es mir fast. Das Auto gefiel ihr auch wieder nicht, aber dann bekam ich ja den Audi von Henno. Endlich ein freundinkompatibles, verkehrssicheres Auto!

Sie ist schön. Ich genieße ihre Präsenz, sie lebt in der Gegenwart, ist so gar nicht verträumt oder geistesabwesend, wie ich es oft bin. Ich liebe ihre Stimme. Wenn sie redet, fühle ich mich zu Hause. Ich liebe, wie sie mich anfasst, beiläufig am Nacken streift, wenn sie hinter mir vorbeigeht. Ich mag ihre Kinder. Auch wenn der erwachsene Sohn sich immer wieder den Spaß erlaubt, laut zu rufen: »Mama, wer ist der fremde Mann in der Küche? Mann soll weg!« Die Kinder mögen mich. Wir waren eine gute Wochenend-WG.

Für meine Begriffe verwöhnte ich Caroline. Trug sie auf Händen. Vergab ihr, wenn sie mich versetzte. Hatte Verständnis, wenn sie keine Lust auf mich oder einfach keine Zeit oder wieder mal Kopfschmerzen oder Rücken hatte. Keine Sekunde mit ihr war langweilig. Wir konnten viel lachen, wir konnten gemeinsam kochen und gemeinsam reisen. Wir hatten Spaß miteinander, und wir konnten auch gut mit anderen Paaren Abende verbringen. Wir verstanden uns gut, wenn wir uns sahen. Sie monierte an mir, ich würde nicht viel reden, ich hatte stets das Gefühl, noch nie mit einer Frau so viel gesprochen zu haben. Wir stritten wenig und wenn, dann versöhnten wir uns schnell ohne langes Nachtarocken. Es ging mir immer gut mit ihr. Sie war oft kapriziös, aber ich war nie gereizt deswegen. Ich dachte immer nur, wie toll, dass so eine Frau aus einem ganz anderen Universum mich haben will.

Aber sie wollte mich immer nur von Donnerstag abend bis Sonntag abend. Die anderen Tage brauchte sie ihre Ruhe. Auch wenn es ihr schlecht ging, wollte sie allein sein. Ich wäre gerne mit ihr zusammengezogen. Sie sagte, das ginge nicht. Erst wegen der Kinder, dann wegen meiner Unordnung, zuletzt wegen meines fehlenden Geschmacks. Irgendwann wurde ich immer später zu unseren gemeinsamen Wochenenden einberufen. Aus Donnerstag abend wurde Freitag, aus Sonntag Samstag. Sie hatte immer mehr mit sich zu tun, wurde oft krank, war unachtsam mit mir. Ich liebte sie noch immer, sie sagte es auch umgekehrt, aber ich wollte ihr das nicht mehr glauben, fühlte mich immer ungeliebter, bekam zunehmend schlechte Laune. Nach dreieinhalb Jahren trennten wir uns. Wahrscheinlich gut, dass wir nicht zusammengezogen sind. Vielleicht auch gerade nicht.

Jetzt wohne ich mit Li und Birgit nicht nur von Sonntag bis Donnerstag, sondern die ganze Woche.

Birgit arbeitet an ihrer Magisterarbeit. Ich sehe sie kaum. Sie redet noch weniger als während des Lockdowns. Geimpft ist sie noch immer nicht. Ich habe nicht weiter nachgefragt, ich merke nur, wie sie immer noch hartnäckig Sicherheitsabstand in der kleinen Küche zu halten versucht und sie sofort verlässt, sobald ich mir auch nur eine neue Tasse Tee hole. Zu Beginn der Impfkampagne sagte sie, sich allenfalls Curavec aus Tübingen als Impfstoff vorstellen zu können. Die anderen seien zu gefährlich. Ich habe nicht nachgefragt, als klar wurde, dass Curavec niemals auf den Markt kommen würde.

Fünf- bis zehnmal am Tag schleicht Birgit auf die Terrasse, um eine selbst gedrehte Zigarette zu rauchen. Sie trinkt nicht. Unter der Woche muss sie früh raus, wenn sie nach Freising ins Labor fährt. Fast genauso früh wie Astrid, die morgens in den Großmarkt musste, um die Einkäufe für ihre Küche zu erledigen. Wenn sie um sechs Uhr morgens aufstehen muss, erwartet auch sie, dass man Rücksicht nimmt, und das tun wir nach Möglichkeit, aber nach Mitternacht nie mehr ins Bad zum

Duschen? Ich fürchte, sie hält uns für respektlos, weil wir ihr das nicht garantieren wollen.

Natürlich ist meine WG keine richtige WG. Ich habe Untermieter, ich bin der Boss, oder ich sollte es sein, und wenn mir jemand auf die Nerven geht, kann ich ihn theoretisch nach zwei Wochen Kündigungsfrist ohne weitere Nennung von Gründen rausschmeißen. Ich vermiete möbliert, deshalb der geringe Kündigungsschutz.

Wenn Li und Birgit sich streiten, gehen sie mir auf die Nerven. Und dennoch kann ich mich nicht dazu durchringen, sie oder einen von beiden rauszuschmeißen. Sie sind bequem. Und ich mag sie inzwischen.

Meine kleine Tochter fragt, warum ich das Haus nicht verkaufe und in eine kleine Wohnung nach Schwabing ziehe? Ich mag Schwabing nicht, viel zu laut, vergnügungssüchtige Leute auf der Straße, nein, dafür bin ich zu alt. Mein Chef hat mir ungefragt den gleichen Tipp gegeben, als er mal unseren alten Kellerkühlschrank für einen Asylbewerber abholte, um den er sich kümmerte. Meine große Tochter sagt, sie könne ganz sicher ausschließen, dass sie jemals zurück nach München wolle, und schon gar nicht in das Haus, in dem sie aufgewachsen ist.

Robert sagt, ich solle die Bude verkaufen, dann sei ich auf einen Schlag die Schulden los und hätte immer noch genug Geld für einen Luxuscampingwagen übrig – »Mehr braucht kein Mann.«

Mein Cousin Thomas macht das so. Kein Campingwagen, aber ein Mercedesbus mit aufklappbarem Verdeck, unter das eine große Matratze passt. Thomas ist vermögend, hat lange als Fondsmanager in New York und der Schweiz gearbeitet, er besitzt Mietshäuser, die er verwaltet und pendelt mit seinem Bus zwischen Aken bei Dessau, wo er ein kleines Hotel an einem Elbfahr-radweg besitzt, zwischen seinen winzigen Urlaubshäu-sern in Südfrankreich und Griechenland, und Genf, wo seine Ex-Frau immer noch den Bürokram für ihn erle-digt. Auch nach Griechenland fährt er manchmal über den Balkan, anstatt die bequeme Fähre von Ancona zu nehmen. Die meiste Zeit schläft Thomas sicherlich in seinem Bus. Er liebt seinen Bus. Er verspürt in ihm ein diffuses Gefühl von Freiheit. Und er lebt allein, auch falls er zwischendurch mal wieder eine Freundin hat.

Wenn er mich besucht, legt er sich gern in ein freies Bett, aber er schläft genauso gut draußen im Wagen. Ja, Robert, wenn ich drei Feriendomizile besäße und auch nicht viel zu tun hätte, so wie mein Cousin Thomas, dann wäre ein Mercedesbus mit hochklappbarem Falt-dach für mich durchaus eine denkbare Option. Aber die habe ich nicht.

Mit fünfzig sollte man vorbereiten, wie man mit achtzig leben möchte, sagt der Therapeut Wolfgang Schmid-bauer. Wird allerhöchste Zeit für mich.

8 GENOSSINNEN & GENOSSEN
Ruths, Matthias' und Stefan Höglmaiers Modelle gegen die Wohnungsnot

Ruth hat sich rechtzeitig Gedanken gemacht. Im Alter wollte sie nicht allein leben.

Mit zwanzig hatte sie geheiratet, weil Unverheiratete damals noch keine Wohnung fanden. 1970 war das. Sie war Erzieherin und betreute Kinder, die keine Eltern mehr hatten. Da beschloss sie mit ihrem Mann, keine eigenen Kinder zu bekommen, sondern eines zu adoptieren. Ruth ist die Bekannte der Mutter meiner Lektorin, sie wohnt jetzt allein und doch in Gemeinschaft, selbstbestimmt und doch verbunden.

Sie hat sich das so ausgesucht, ihre Wohnsituation ist nicht einfach so entstanden. Ruth ist 72 Jahre alt, geschieden, und hat bis vor wenigen Jahren in einer Altbauwohnung in Hamburg-Altona gelebt. Als einige Freunde wegzogen, auch ihre Lieblingsnachbarn, machte sie sich Gedanken, wie das mit dem Alter in der Wohnung werden würde, vielleicht dann ganz ohne Freunde, ohne Lift. Also schloss sie sich gemeinsam mit einigen Freundinnen einem Verein mit dem Namen »Gemeinsam Älter Werden e. V.« an. Drei Jahre planten sie das gemeinsame Leben, sprachen mit den Behörden, mit Architekten, taten sich mit einer Gruppe türkischer

Senioren für eine Baugemeinschaft zusammen, und nun leben sie gemeinsam in dem Haus, das sie sich gemeinsam erträumt haben. Allein oder zu zweit, größere Wohnungen gibt es nicht. 53 Quadratmeter hat Ruth, viele Wohnungen sind kleiner geschnitten. Ruth hat eine Eckwohnung mit Balkon. Sie zahlt mehr als zuvor in ihrem Altbau, dennoch ist die Miete vergleichsweise gering, weil der Wohnraum öffentlich gefördert wurde. Es gab eine Einkommenshöchstgrenze, um für eine Wohnung berechtigt zu sein. Ruth passte so gerade rein. Jetzt ist sie Genossin der Baugenossenschaft, auf Lebenszeit, sie muss nie mehr raus, sie will auch nicht. Sie hat mehr Licht als in der Altbauwohnung, sie darf den Dachgarten mitbenutzen, die Fenster sind gut isoliert, man hört keinen Straßenlärm.

Ruth war Gründungsmitglied, schon lange bevor es einen ersten Plan gab. Die Wohnung hat extrabreite Türen, damit auch ein Rollstuhl durchpasst, und es gibt keine erhöhten Türschwellen. Barrierefrei auch der Zugang auf die Loggia. Im Bad nur eine Dusche, keine Badewanne, und auch die Dusche ohne Schwelle. Das ganze Quartier ist inklusiv gestaltet.

Es gibt wenig Tiefgaragenplätze, der ganze Block wurde autoarm geplant, auch ohne Anwohnerparkscheine. Ein regulärer Parkschein kostet drei Euro pro Stunde.

Bei größeren Neubauten wird in Hamburg ein Drittel der Wohnfläche an Baugemeinschaften vergeben und bezuschusst. Ruths Baugemeinschaft in Hamburg-Altona übernahm dafür auch Intergrationsaufgaben und tat sich mit einer türkischen Seniorengruppe zusammen, eine benachbarte Baugemeinschaft mit einem Blindenverein, eine andere ermöglichte eine Kita.

Die türkische Seniorengruppe nennt sich Mekân, das heißt übersetzt Zuhause. Die Baugenossenschaft verlangte, dass beide Seniorengruppen einen gemeinsamen Verein gründeten, der Name: »Mit Mekân Gemeinsam Älter Werden e. V.«.

In Ruths Baugemeinschaft leben in 48 Wohnungen gut 50 Leute über sechzig, die ältesten sind über achtzig. Sie leben überwiegend in Singlewohnungen, ganz wenige in Wohnungen für Paare. Gegenseitige Unterstützung haben sie sich alle in der Vereinssatzung versichert, und Ruth hat guten Kontakt zu ihren drei türkischen Nachbarn auf ihrem Stockwerk. Eine Schneiderin hat für die Gemeinschaftsräume Gardinen genäht. Eine Nachbarin hat Ruth gezeigt, wie man Dokumente einscannt, es gibt eine Yogagruppe. Neue Freundschaften sind entstanden, einige Frauen sind schon gemeinsam verreist.

Die Beziehung zwischen der türkischen und der deutschen Gruppe verläuft nicht immer störungsfrei. Die türkische Gruppe hatte abgelehnt, den gemeinsamen Gruppenraum im Erdgeschoss zweitweise für eine ukrainische Familie zur Verfügung zu stellen. »Wir wissen nicht warum und wie viele dagegen waren.«

Es gibt ohnehin eine Sprachbarriere: Die meisten Mekân-Mitglieder entstammen der ersten Gastarbeitergeneration und sprechen teilweise noch schlecht deutsch. Zu den Versammlungen, auf denen etwa die

Bepflanzung des Dachgartens beschlossen wird, kommen längst nicht alle – »Das wäre aber gut«, sagt Ruth.

In der ganzen Baugemeinschaft gibt es wenig Männer. Die türkische Gruppe zählt immerhin sechs Männer in sechs Paarwohnungen, die deutsche Gruppe nur zwei Männer, einer lebt allein. Ein anderes Paar aus Dithmarschen hat es sich in letzter Sekunde anders überlegt.

Organisiertes und verordnetes Zusammenwohnen scheint kompliziert zu sein. Aber Ruth ist glücklich. »Ich will hier sterben in dieser Wohnung, die anderen wollen das auch.« Im Erdgeschoss hat ein Pflegedienst sein Büro, die Mitarbeiter haben die Wohnungen überprüft, wenn die Bewohner nicht schwerstpflegebedürftig werden, können sie in ihren Wohnungen bis zuletzt betreut werden.

Siedlungen für Bedürftige gibt es schon seit dem Mittelalter, wie die Fuggerei in Augsburg, die aus kleinen Häuschen mitten in der Stadt besteht. Der alte Fugger hat sie im 15. Jahrhundert gegen Ende seines Lebens gegründet. Nachdem er den Spaniern Kriege auf der ganzen Welt finanziert hatte, wollte er nachhaltig dafür sorgen, irgendwann dennoch in den Himmel zu kommen, deswegen hat er eine Stiftung gegründet, die bis heute überlebt hat. Da kann man für einen Euro wohnen. Man muss nur regelmäßig für den Fugger beten, damit er auch es wirklich bis ins Paradies schafft.

Schon früher versuchte man, Landflucht und Slumbildung gegenzusteuern, mit der Industriellen Revolution wurde das Problem virulent, aber man wollte die armen Leute eigenständig wohnen lassen. Möglichst mit Familie, damit die Arbeiter nicht zu viel saufen. Reformkapitalisten hatten verstanden, dass es so nicht mehr weitergehen durfte. Gute Arbeiter waren Mangelware. Ohne soziale Bindungen zogen sie schnell wieder weiter. Mit der Familie im Schlepptau bekam man tatsächlich auch das Alkoholproblem bei jungen Männern eher in den Griff.

Es gab verschiedenste Ideen, auf welche Weise die Not der Leute zu lindern wäre. In England gab es Arbeitersiedlungen mit den typischen *Back-to-Back-Houses*, wie man sie aus englischen Krimis kennt. In Frankreich ließ ein Fabrikbesitzer die Angestellten in Gemeinschaft wie auf einem Hof zusammenwohnen, mit gemeinsamer Kita und Schule für die Kinder der Arbeitskollegen. Risiko: Wer seinen Job verlor, der musste ausziehen und verlor zudem sein soziales Umfeld.

In London entwarf man ab Mitte des 19. Jahrhunderts für die Wanderarbeiter die *Rowton Houses* mit kleinen Schlafzellen und großen Gemeinschaftsräumen. Funktionierte wie ein Herrenclub oder wie an Bord eines Schiffes – mit großer Bibliothek und großem Speisesaal als Aufenthaltsraum. Die Schlafzellen waren so klein und so schlecht beleuchtet, dass man in ihnen wirklich nur schlafen konnte, nicht mal lesen.

Nach diesem Modell wurden in Deutschland bald die Ledigenheime gegründet. Die gab es für Männer und Frauen, auch die Seemanns- und Seemannswitwenheime funktionierten so, dass man den privaten Raum minimierte und großzügige Gemeinschaftsräume schuf.

Im Münchner Ledigenheim lebten im Jahr 2021

400 Männer aus 52 Nationen. Sozial Schwache finden hier ein Zimmer für 225 Euro im Monat, sieben Quadratmeter groß, möbliert, inklusive täglicher Grundreinigung, Handtücher und Bettwäsche, mit Gemeinschaftsduschen. Wer eine eigene, drei Quadratmeter große Toilette will, zahlt 90 Euro mehr.

Die Anordnung der Zimmer ähnelt Fluren, wie man sie von großen Passagierschiffen kennt. Frauenbesuch ist untersagt, um zehn Uhr ist Nachtruhe.

Das Ledigenheim in München ist 100 Jahre alt. Das Haus gehört einem gemeinnützigen Verein, wohlhabende Münchner finanzierten den inzwischen denkmalgeschützten Backsteinbau im ehemaligen Arbeiterviertel Westend für Alleinstehende, die sich keine eigene Bleibe leisten konnten, und für ankommende Wanderarbeiter, die hier Fuß fassen, bevor sie eine eigene Wohnung finden und ihre Familie nachholen konnten. Im Innenhof steht noch eine alte Entlausungsmaschine, in der die Bewohner ihre Kleider waschen konnten, damit sie kein Ungeziefer ins Haus brächten. Gut, dass es solche Heime gibt, aber Schöner Wohnen ist wahrscheinlich anders. Mich würde gar nicht so sehr stören, dass nur Männer dort wohnen dürfen. Die Nachtruhe ab zehn empfände ich als größere Einschränkung.

Mein Freund Matthias, ein Architekt, half bei der laufenden Renovierung. Er war es auch, der mir die Zusammenhänge der Wohnungsnot in München öfters nahezubringen versuchte. Matthias sagt: »Alles schon mal dagewesen, die Probleme auf dem Wohnungsmarkt, die Wohnformen und auch die Lösungsversuche.«

Es gäbe kein neues Rezept. Es gäbe nur neue Namen:

Zum Beispiel Cluster-Wohnung, ein Wohnungstyp mit privaten kleinen Wohneinheiten und großen Gemeinschaftsräumen. »Jeder hat seinen Kühlschrank und sein eigenes Klo, also die Dinge, die in einer WG Ärger machen. Im Grunde sind Cluster-Wohnungen das, was früher eine große Wohngemeinschaft im Studentenwohnheim war. Werkswohnungen oder Arbeitersiedlungen werden auch verklärt – »Super, wenn ich bei BMW arbeite, dann beschaffen die mir eine Wohnung. Gab es auch schon. Die Arbeiterwohnungen im Ruhrgebiet, auch im kleinen Reutlingen, mit sozialen Strukturen und sogar einem Altenheim. Nachteil: Wenn du den Job verlierst, ging auch die Wohnung verloren. Der Arbeiter war in so einem Fall noch abhängiger vom Arbeitgeber.«

Bereits für Friedrich Engels war die Wohnungsfrage zentral: Seit die Leute in die Stadt zogen, wurde der Wohnraum für Arbeiter immer teurer. Engels sprach sich gegen Zuschüsse aus, er meinte, man solle den Leuten so viel Lohn für ihre Arbeit zahlen, dass sie sich das Wohnen leisten könnten. 1870 kam sein Buch *Zur Wohnungsfrage* heraus, und sein Vorschlag ist laut Matthias heute noch sinnvoll. Aber man setzt lieber auf Fördermodelle, statt dafür zu sorgen, dass Menschen, die Vollzeit arbeiten, sich von ihrem Lohn eine angemessene Wohnung leisten können.

Auch die Bodenfrage wurde damals schon diskutiert. Verschiedene Sozialreformer in Deutschland und der Schweiz sahen, dass es mit dem Spekulantentum nicht so weitergehen dürfe, und forderten die Vergesellschaftung von Boden. Aber sie kamen nicht zum Zug – »Das

Geld achtet schon darauf, dass es bei denen bleibt, die es haben«, sagt Matthias.

SoBoN, eine Reform für sozial gerechte Bodennutzung, Mitte der Neunzigerjahre in München eingeführt, wollte dem Rechnung tragen: Wenn ein Acker zu Bauland erklärt wird, steigt sein Bodenwert enorm. Der Gewinn wurde bis dahin immer privatisiert. Die kommunalen Folgekosten – die Bushaltestellen, das Krankenhaus, die Schulen – trug allein die öffentliche Hand. Das hat sich mit SoBoN geändert, seitdem wird für die Infrastrukturkosten ein Teil des Gewinns abgeschöpft – oder der Bau einer Kita direkt finanziert. Außerdem müssen mittlerweile bei einer Neuentwicklung von Baurecht bis 50 Prozent der Wohnflächen als Sozialer Wohnungsbau realisiert werden. Münchener Weg wird das genannt, und Matthias findet ihn vernünftig, aber das Grundproblem für die frei finanzierten Wohnungen ist damit nicht in den Griff zu bekommen: Dass nämlich die Grundstückskosten die Baukosten mittlerweile überragen. Billiger zu bauen verspreche deswegen in Städten wie München keine große Linderung des Wohnungsproblems.

Weil zudem in den Städten die Mieten zu teuer sind, bleiben alte Menschen in ihren zu groß gewordenen Wohnungen wohnen, obwohl die Kinder lange ausgezogen sind, denn ein neuer Mietvertrag für eine kleinere Wohnung wäre bei Umzug meist genauso teuer.

Ebenso wichtig wie die Frage, wie man vernünftig baut, ist daher: Wie beaufsichtigt man das Ganze, sodass es sinnvoll und ökologisch genutzt wird? Wie ermöglicht man älteren Menschen, in eine kleinere Wohnung zu ziehen, sobald die Kinder aus dem Haus sind, ohne dass sie einen höheren Quadratmeterpreis in der neuen, kleineren Wohnung zahlen und sich ein Umzug nicht mehr lohnt?

Nur große Wohnungsbaugesellschaften oder Genossenschaften verfügen über genügend Wohnraum, um einen Tausch problemlos und kostengünstig zu ermöglichen. »Aber heute will jeder eine Eigentumswohnung haben, jedes Pärchen träumt davon, sich die 3,5-Zimmer-Wohnung mit ererbtem Geld zu leisten, und es wird da nie wieder rausgehen, sobald die Wohnung mal abbezahlt ist, auch wenn die Kinder längst ausgezogen sind. Und das wurde früher sogar noch gefördert. Die Gemeinschaft hat das Privateigentum mitfinanziert.«

Große Genossenschaften sind sicherlich die sozialere und auch ökologischere Alternative zur Eigentumswohnung.

Die Deutsche Wohnen – die Wohnungsbaugesellschaft, gegen die sich das Volksbegehren für Enteignung in Berlin im Jahr 2021 richtete – könne erstaunlicherweise als Hardcorekapitalist viel leichter einen Wohnungstausch verwirklichen, als das in einem atomisierten Eigentumsmarkt möglich sei. Und eine große Wohnungsbaugesellschaft kündigt einen Mieter auch nicht wegen Eigenbedarfs. Enteignung der Wohnungen ist laut Matthias jedenfalls keine Lösung. »Man muss endlich die Bodenfrage angehen. Du kannst ein Gut, das wie Luft und Wasser nicht vermehrbar ist und das alle zum Leben brauchen, nicht völlig den freien Kräften überlassen.«

Die Idee der sozial gerechten Bodennutzung wurde

schon vor über hundert Jahren propagiert: Hans Bernoulli, ein des Kommunismus unverdächtiger Schweizer Städteplaner, forderte damals schon, dass der Staat grundsätzlich keinen Grund und Boden verkaufen, sondern ihn einfach behalten solle, um handlungsfähig zu bleiben. Oder dass er ihn nach Möglichkeit zurückkauft und anschließend über Erbpacht zur Verfügung stellt. In Basel macht das sogar eine private Stiftung, sie kauft Grund auf, um ihn vor Spekulanten zu retten. Das altehrwürdige Hotel Krafft beispielsweise. Auch einzelne Gemeinden oder Städte versuchen das wieder. Der Haken: Sie kaufen zu Marktpreisen und wollen unter Marktpreis vermieten. Das schaffen die wenigsten.

Im freifinanzierten Wohnungsbau ist längst das Budget des Käufers maßgeblich, nicht seine Bedürfnisse. Das Haus im Münchner Umland oder die Dreizimmerwohnung in der Stadt durften lange Zeit nicht mehr als 750 000 Euro kosten. Die Bau- und die Grundstückspreise sind überproportional zu den Gehältern gestiegen. Für den Architekten und Bauunternehmer bedeutete das die längste Zeit, immer billiger zu bauen. »Du musst das machen, was zu dem Preis geht, der für ein Lehrer-Ehepaar die machbare Höchstgrenze ihrer Verschuldung darstellt. Also lässt man die Wohnfläche immer weiter schrumpfen. Der Architekt soll dann die früher durchschnittliche Größe einer Dreizimmerwohnung von 72 bis 78 Quadratmeter nun eben auf 67 drücken, damit der Preis der gleiche bleiben kann.«

Matthias kennt eine Studie aus den Achtzigerjahren über Fertighäuser in Frankreich. Eine Firma, die Fertighäuser produzierte, machte mehr Gewinn mit den Krediten für die Käufer dieser Häuser als mit den Häusern selbst. So wie die Autoindustrie lange mehr Gewinn mit den Krediten für den Autokauf machte als mit der Produktion. »Du kaufst ja keine LP mehr, du kriegst Streaming.« Das wird so ähnlich auch beim Wohnen passieren, um die Erträge nochmals zu steigern. »Aber wenn dein Freund Welf und seine Schwestern ihr Haus in München verkaufen, können sie sich jeder von ihrem Anteil kaum eine anständige Wohnung in München davon leisten.«

Der Markt macht also weiter Druck. Aber Architekten, Investoren und Bauherren klammern sich immer noch verzweifelt an überkommene Konzepte: Einfamilienhäuser auf dem Land und kleine Einfamilien-Wohnungen in der Großstadt. »Das Hochhaus wird verteufelt, und stattdessen schwärmt man vom Tiny House – beides zu Unrecht«, sagt Matthias.

Wenn jeder in einem winzigen Ding auf der großen Wiese säße, wäre die nötige Dichte für eine effiziente Erschließung mit Kanalisation und Infrastruktur nicht hinzubekommen. Deswegen bietet das Tiny House als Konzept keinen Ausweg.

Licht, Luft, Sonne war die Idee der Moderne, so kam man auf die Idee der Hochhäuser. Das Hochhaus ist für den toll, der in der obersten Etage wohnt, für den im zweiten Stock nicht. Und wenn Hochhäuser im nötigen Abstand zueinander stehen, gewähren sie auch nicht die nötige Dichte. Das zeigt sich im Märkischen Viertel in Berlin oder in München-Neuperlach. Hochhäuser machen die Grundstücke nicht wirklich billiger.

Wie also bringt man Leute, die nicht viel Geld haben, menschenwürdig unter? Wie fügt man sich ein in eine bestimmte Topographie? Matthias sagt: Spätestens um 1910 wusste man eigentlich schon alles, wie die Probleme anzugehen wären.

Matthias ist Fan einer gemäßigten Gründerzeitbebauung, so nennt er das, vier oder fünf Geschosse in Randbebauung – allerdings nicht mit fünf Hinterhöfen, so wie das teilweise im Berlin der Gründerzeit Anfang des 20. Jahrhunderts gemacht wurde, sondern mit einer großen durchgehenden Grünfläche im Hinterhof, ohne Garagen, Zäune oder Mauern, sodass Durchlässigkeit entstehen kann. Bei alten Genossenschaftsbauten ist das öfters gelungen. In den Siebzigern wurden viele Hinterhöfe allerdings nachverdichtet und weiter zugebaut. Man hat später versucht, sie wieder freizubekommen, was an den hohen Bodenpreisen in den meisten Fällen gescheitert ist.

Auch mit einer dichteren Zeilenbebauung wäre das Problem schon in den Griff zu bekommen. Exemplarisch gelungen sei das bei der Alten Heide in München, vor hundert Jahren von Theodor Fischer entworfen. Es sind kleine Wohnungen mit einer durchgehenden Grünfläche zwischen den Häuserzeilen und Mietergärten ohne Zäune, sie wurden als Arbeiterwohnungen konzipiert, und sie sind bis heute äußerst beliebt.

Ob Siedlungsmodelle langfristig funktionieren, zeigt sich erst Generationen später. Altbauviertelwohnungen in München-Schwabing sind auch heute noch hochbegehrt und teuer. In anderen Städten wie Ludwigshafen wandelten sich solche Altbauwohnungen dagegen zum sozialen Brennpunkt. Auch die englischen Arbeiterhäuschen in London waren ja lange verpönt und mussten erst als idyllischer Ort für Pärchen wiederentdeckt werden.

Aber warum finden wir Altbauwohnungen überhaupt so toll? »Weil sie einen Ticken zu groß sind. Großzügig mit zu hohen Decken und zu hohen Fenstern geplant. Meist funktioniert eine WG in einer Altbauwohnung auch besser, weil die Räume ähnlich groß sind. Auch wenn das WG-Leben natürlich nicht nur von der Architektur abhängt.«

Seit Leonardo da Vinci sollte die Haushöhe der Breite der Straße entsprechen. Die Berliner Traufhöhe von 22 Metern war ein gutes Maß. Aber weil die Anzahl der Geschosse von der Höhe abhängt, sind niedrige Decken und damit mehr Geschosse finanziell lukrativer. Hohe Altbaudecken, die lichte Räume schaffen, lohnen nicht mehr.

Die moderne Architektur hat die Räume ständig effizienter und funktionaler zu entwerfen versucht: etwa mit Schlafzimmern, die exakt nur so groß sind, dass ein Bett reinpasst. Bis in die Fünfzigerjahre waren Betten 1,90 m lang und 90 cm breit, für größere Betten, wie sie heute üblich sind, passen die Räume nicht mehr. Wenn das Bett zwei Meter lang und einen Meter breit ist, geht die Tür nicht mehr auf. Matthias hält es mit Mies van der Rohe, einem Architekten, der früh erkannt hatte: Macht einfach große Räume, da kannst du alles drin machen. Jeder Raum sollte möglichst reversibel sein. Wie die klassische Altbauwohnung, die sich für eine Familie mit Kindern genauso gut wie für eine WG

oder eine Zahnarztpraxis eignet. »Wenn du ein maß-
geschneidertes enges Kleid hast, passt es niemand anderem. Einen weiten Wollmantel kannst du für jemand
anderen problemlos abändern.«

Immer noch gelangt zu viel Geld von Oligarchen
und Scheichs nach Deutschland, die Wohnungen kaufen. Die Leerstandsquote im Münchner Wohnungs-
bestand beträgt 7,5 Prozent. Die Eigentümer wollen
nicht vermieten, sondern nur ihr Geld anlegen oder in
Sicherheit bringen und vielleicht einmal im Jahr kurz
vorbeischauen.

Die Städte schauen mehr oder weniger hilflos zu.
Immer wieder kommen Investoren und versprechen,
gemeinnützigen Wohnraum oder Begegnungsstätten zu
schaffen, und halten ihre Zusagen nicht.

Matthias gibt sich alle Mühe, als Architekt und Professor gegenzusteuern. Er gibt sogar ein gutes Beispiel
für nachhaltiges Wohnen und lebt mit Regina, seiner
Frau, in einer Zwei-Zimmer-Wohnung. Okay, es sind
zwei Zwei-Zimmer-Wohnungen. Trotzdem noch vor-
bildlich.

Matthias weiß übrigens auch, wie man richtig um-
zieht. Die neue Wohnung in der neuen Stadt für seinen
neuen Job hat er ohne Besichtigung vor Ort gemietet.
Er weiß ja, worauf es ihm ankommt: genügend Licht
durch Südlage. In der Altstadt, kurzer Weg zur Arbeit.
Zwei, drei nette Kneipen in der Umgebung, hohe
Decken, große Flügeltüren, Altbau, nicht zu teuer.
800 Euro, wer Münchner Preise gewohnt ist, empfindet
das als geschenkt.

Es ist eine überraschend kleine Wohnung, zweieinhalb Zimmer, 60 Quadratmeter, kein Gästezimmer. »Nee, wir wollen nicht dauernd Besuch haben. Zur Not gibt es ja die Couch im Wohnzimmer.« Es sollte dieselbe Couch wie in München werden, dem Erstwohnsitz von Matthias und Regina. Das gleiche Modell, nur die Farbe hätten die beiden Architekten dieses Mal leicht variiert. Auch das Sofa haben sie bestellt, ohne die Wohnung je gesehen zu haben. Die Lieferung zur neuen Wohnung wäre zu teuer geworden, deswegen haben die beiden dann doch ein anderes Sofa von Ikea genommen.

Ihre Wohnung in München ist ebenfalls vergleichsweise klein. Zwei Zimmer, winzige Küche mit gerade mal zwei Sitzplätzen, kleiner Raucherbalkon, auf dem man das Bier kühl halten kann, kleine Bar mit ausgewählten Whiskys. Blick über Schwabing.

Matthias und Regina sind beide in ihren Fünfzigern, haben keine Kinder. Einmal im Jahr geben sie, gaben vor Corona, eine große Geburtstagsparty, mit Würstchenkocher in der Küche, bei der sich die Gäste auf den Füßen stehen. Einen zweiten Würstchenkocher haben sie für ihren Zweitwohnsitz bestellt. Matthias braucht erwiesenermaßen nicht viel Platz für sich, auch wenn er sich mit Sicherheit etwas mehr leisten könnte. Aber sie wollen kein großes Haus im Grünen haben. Matthias und Regina sind Stadtmenschen und Kneipen- und Theatergänger. Einmal im Jahr machen sie Strand- und Grillurlaub in Italien. Auf einer Insel in der Adria mieten sie mit Freunden ein Ferienhaus. Sie lieben das Theater und unternehmen viele Städteurlaube übers

Wochenende, um interessante Inszenierungen zu besuchen. Ich bin mal mit ihnen nach Berlin für achteinhalb Stunden Faust in der Volksbühne gefahren. Für mich war das ein großes Abenteuer. Sie machten das vor Corona alle paar Wochen.

WGs scheitern aus einem einzigen Grund, glaubt Matthias, der eigentlich nur als Student in Kaiserslautern in WGs lebte, bis er dort Regina kennenlernte. Er glaubt zu wissen, wie WGs funktionieren bzw. vor allem warum nicht: zu wenig Geld. Zum einen für eine Zugehfrau, die das Klo putzen könnte, denn darum geht der WG-Streit meist. Zum anderen, um den Kühlschrank immer zu füllen, damit niemand mehr auf die Palme gebracht wird, weil schon wieder einer den letzten Schokopudding aufgegessen hat.

Kleine Wohnzellen, große Gemeinschaftsflächen, darin könnte also für viele Menschen die Lösung liegen. Vor allem für diejenigen, die man gemeinhin als sozial schwach bezeichnet. Die Wörter »gemeinschaftliche Nutzung« lassen einen sofort an sozialen Wohnungsbau denken, in jedem Fall subventioniert. Luxus und Gemeinschaftsflächen scheinen sich einander auszuschließen. Doch das Wort gemeinschaftlich ist inzwischen auch auf dem freien Wohnungsmarkt zu hören. Stefan Höglmaier baut Luxusimmobilien, und er verwendet es längst.

Er lebt in einem Bunker im Münchner Norden. Es ist ein Hochbunker aus der Nazizeit, den er zu einem Wohnhaus umgebaut hat. Im Erdgeschoss finden Aus-

stellungen statt, im ersten Stock gibt es einen Fitness-
raum mit Bank und Gewichten, darüber der Raum
für den Flügel von Höglmaiers Lebenspartner und ein
Büro, oben Schlaf- und Wohnzimmer mit Treppe zum
Dach, auf dem ein Fernrohr fest installiert ist.

Im Westen sind die Reihenhäuser der Alten Heide
zu sehen, jene Reihenhäuser, die Theodor Fischer 1918
zu bauen begann und die Matthias als immer noch vor-
bildlich ansieht. Auf der anderen Seite liegt hinter dem
Friedhof eine berühmt gewordene Wohnungsbauzeile
von Otto Steidle. Jener Architekt, der sich Ende der
Sechzigerjahre vornahm, niemals ein Einfamilienhaus zu bauen, sondern lieber flexiblen Wohnraum in
würfelförmigen Wohnzellen für größere, sich immer
wieder neu formierende Wohngemeinschaften. Steidle
wurde sich später untreu und baute dennoch wenige
Einfamilienhäuser. Seine Häuserzeile in der Genter-
straße ist inzwischen denkmalgeschützt, das gemeinsam
zu nutzende Schwimmbad im dortigen Keller wurde
allerdings niemals in Betrieb genommen.

Stefan Höglmaier kennt die Reihenhäuser von
Steidle gut, er meint, ein Schwimmbad sei im Unterhalt das denkbar teuerste Gemeinschaftsobjekt, dadurch
dürfe man sich nicht entmutigen lassen, den Sharing-
Gedanken in der Architektur neu zu beleben.

Stefan Höglmaier hat mit Ostimmobilien nach dem
Abitur Geld verdient und schon mit 24 Jahren sein Unternehmen Euroboden gegründet, mit Ende vierzig be-
schäftigt er heute um die siebzig Mitarbeiter. Euroboden
baut Luxusimmobilien, und Höglmaier hat dafür von
Beginn an namhafte Architekturbüros wie Chipperfield

oder das Münchner Büro Muck Petzet verpflichtet. Sein Credo war: Der Käufer gibt lieber 17 000 Euro pro Quadratmeter für eine exzellente Wohnimmoblie aus als 16 000 für eine mit geringen Mängeln. Die Zahlen sind nicht mehr aktuell, es dürften eher 28 000 Euro sein, die in München inzwischen für den Quadratmeter Neubau mit gehobener Ausstattung verlangt werden.

Als Immoblienentwickler ist er für seine nonkonforme Herangehensweise bekannt geworden. Höglmaier hat wirtschaftlichen Erfolg mit seinen spektakulären Objekten und die Zeitschrift *AD* zählt ihn zu den kreativsten Köpfen des Landes. Man sagt ihm nach, in jüngster Zeit den Gemeinschaftsgedanken wiederbelebt zu haben. Er selbst sagt, man müsse Dichte anders denken und den vorhandenen Raum deswegen teilweise gemeinsam nutzen.

Er hat nie in einer WG gewohnt, aber als Kind hat er in den Achtzigerjahren erlebt, wie sich seine Eltern mit anderen Familien ein Grundstück am Bach geteilt hatten. In München-Solln kam er vierzig Jahre später auf die Idee, in einem Bauernhaus aus dem 18. Jahrhundert eine gemeinschaftliche Stube mit Küche, einigen Arbeitsplätzen und Gästezimmern unterzubringen. Die Gemeinschaftsräume werden von den Wohnungseigentümern in einem hinteren Neubau genutzt. Vier Mietwohnungen sollten an Handwerker oder Künstler zu einer vergünstigten Miete abgegeben werden, während die Eigentumswohnungen zum Marktpreis angeboten wurden. Es gab Auswahlverfahren für die Bewerber der Mietwohnungen, wegen Corona fanden alle Runden online statt. Ein Caretaker wurde gesucht, jemand, der sich mit einer App um die Belegung der Gemeinschaftsräume im Buchungskalender kümmert.

Auch in Berg plant Höglmaier Gemeinschaftsflächen für 24 Wohnungen am See. Mit Sportraum, Spielplatz, Werkstatt, Gästezimmer, einem Kino, einem großen Raum, den man gemeinsam oder allein nutzen kann. Mit einem Elektroboot und eigenem Steg, insgesamt 240 Quadratmeter Gemeinschaftsfläche auf 6200 Quadratmetern Grundstücksfläche.

Stefan Höglmaier spricht davon, den Markt zu erziehen. Die Kunden im Luxussegment müssten verstehen lernen, dass Teilen wirtschaftlich Sinn macht.

Er überlegt, seinen Bunker in München zu verlassen und selbst in sein Projekt nach Berg an den Starnberger See zu ziehen.

Zusammen ist ansteckend.

9 WIE LANGE KOCHEN NUDELN?
Rudi, der Rockprofessor,
zieht in die Zweck-WG.

Wie schön es wäre, wieder mit einem Freund zusammenzuwohnen. Aber ich habe nur Freunde, von
denen ich nicht erwarte, dass sich an ihrer Wohnsituation einmal etwas ändern könnte. Da gibt es Enno und
Frankie, beide verheiratet, glücklich, wie man so schön
sagt. Natürlich wird das stimmen, und ich halte es auch
gar nicht für so wichtig, ob sie wirklich immer glücklich sind, schon gar nicht denke ich, dass ich das von
außen beurteilen könnte, aber ich glaube, sie leben in
einer erfüllten Beziehung, und ich hoffe für sie, dass die
Beziehung halten wird. Jan ist jetzt auch verheiratet, das
erste Mal. Was für eine schöne Liebesgeschichte: Seine
Frau und er haben sich kennengelernt, als er gerade bei
mir ausgezogen und nach Berlin gezogen war. Er hatte
noch Flüge für seine Tochter und sich für einen Urlaub
in Spanien von München aus gebucht, als er noch nicht
wusste, dass er da schon in Berlin bei seiner Tochter leben würde. Sie schliefen eine Nacht bei mir im Bett, als
sie losflogen, und auch auf dem Rückweg, wir aßen an
beiden Abenden vor und nach der Reise gemeinsam bei
meiner Freundin. Am Abend ihrer Rückreise klingelte
es, zwei Kindergartenmütter-Bekanntschaften meiner

Freundin waren in der Gegend, klingelten aus Neugier, ob Caroline noch da wohnen würde. Caroline bat sie herein, sie aßen mit uns. Jan hatte den restlichen Abend nur Augen für Natalia. Als Jan und seine Tochter Anna schließlich zu mir nach Hause aufbrachen, sagte Anna, damals ganze weise zwölf Jahre alt: Das wird deine neue Freundin, Papa! Ja, sie wurde es.

Auch Robert und Philip werden sich wohl kaum noch von den Müttern ihrer Kinder trennen. Obwohl, was weiß ich schon? Dann gibt es da noch Gregor, mit dem ich mir ohne Weiteres vorstellen könnte zusammenwohnen. Schließlich haben wir des Öfteren in einem Bett geschlafen. Er mag es sich aber nicht mit mir vorstellen. Ich sei ihm zu unordentlich, und er liebt es, endlich mal allein zu wohnen. Er sagt, er habe sich so viel erst um drei Geschwister und dann vier Kinder kümmern müssen, dass er sich das Alleinewohnen förmlich verdient habe. Er war froh, als sein letztes Kind in eine WG auszog.

Eberhard, der ewige Junggeselle, der seit der Trennung von der Mutter seiner jüngsten Tochter nie mehr mit einer Frau zusammenziehen wollte, lebt inzwischen mit seiner neuesten Freundin, und es funktioniert wider Erwarten gut, wie er sagt.

Auch Jens aus Berlin hat schon mal zwei Wochen bei mir gewohnt, wenn er in der Bavaria zu tun hatte. Und ich bei ihm. Ging gut. War nett, auch lustig. Aber er lebt in Berlin. Meine Schwester? Seit 25 Jahren in einer Beziehung. Nicola? Lebt in Berlin. Parvin, die mir gegenüber als Erste von einer Alten-WG sprach, auf die sie sich freue? Job in Hamburg.

Welf wohnt nach wie vor in New York. Keine Rede mehr davon, dass er mehr Zeit in München verbringen wolle. In Hennos Haus ist ein Student eingezogen und ein befreundeter Architekt, der in Hennos altem Schlafzimmer sein Büro eingerichtet hat. Was für eine Verschwendung: zwei Leute in diesem riesigen Haus, das die Kinder immer noch nicht leergeräumt haben. Sie sind uneins darüber, wie sie es nutzen wollen. Babette und Welf wollen es halten und weder verkaufen noch regulär vermieten, um jederzeit zwei, drei Wochen im Jahr zurückkehren zu können, auch wenn sie dafür auf eine Stange Geld verzichten. Julia möchte das Haus und die Verantwortung dafür gerne loswerden und als Ganzes vermieten. So ist zumindest der augenblickliche Stand. Ich bin froh, dass ich das Angebot, dort zu wohnen, ausgeschlagen habe und jetzt nicht mittendrin in der familiären Auseinandersetzung stecke, was nun mit dem Haus geschehen soll. Bei mir in der WG habe ich es wenigstens in der Hand, wie und wie lange ich so leben will, rede ich mir ein. Das ist natürlich nicht ganz wahr, denn ich muss ja vermieten, wenn ich das Haus halten will.

Seltsam. Wenn ich es mir so überlege, leben die meisten meiner Freunde mit einer Frau zusammen. Ihrer Freundin, ihrer Frau. Modell Kleinfamilie mit oder ohne Kinder. Ob es daran liegt, dass meine Freunde in der Regel später Vater geworden sind als ich? Und ihnen das noch bevorsteht, was hinter mir liegt? Nein, sie kriegen es wahrscheinlich nur besser hin als ich.

Auch ich hänge insgeheim immer noch der Vorstellung nach, vielleicht doch noch mit meiner Freundin zusammenzuziehen. Aber die sagt immer, sie denke nicht einmal daran, solange ihre Kinder bei ihr wohnen, denn zwei von dreien sind wegen Corona jetzt wieder seit zwei Jahren da. Ich mache längst keine Anspielungen mehr auf ein gemeinsames Zuhause. Ich glaube, falls ich mit ihr zusammenbleiben will, dann muss ich mich von der Hoffnung auf ein Leben zu zweit endgültig verabschieden. Ich bin mir nicht sicher, ob mir das gelingen wird. Die Ex-Freundin hat mich erst vor Kurzem gebeten, nach Paris nachzukommen. Sie hat da zu tun und sie will mich wiederhaben, sagt sie, aber als Freund am Wochenende, nicht als Mitbewohner.

Jedenfalls kann ich mir keine Traum-WG mit Freunden oder Freundin zusammenstellen, so wie sich ein Oligarch eine Fußballmannschaft zusammenkauft. Das Leben stellt meine WG zusammen.

Li meldet sich aus Berlin. Ich soll ihm bitte bei meinem nächsten Besuch bei meiner Tochter einen Brief mitbringen, er vertraue der Post nicht. Es ginge ihm gut, danke der Nachfrage, aber München gefalle ihm doch besser als Berlin, habe er jetzt festgestellt. Das graue Winterwetter, die Unfreundlichkeit der Leute. Er versuche sich anzupassen, aber wenn ihm das nicht bald gelinge, suche er sich wieder einen Job in München. Gerade mal vier Wochen lebt Li jetzt in Berlin, als er das schreibt.

Ralf und Rudi wollen im November einziehen. Das heißt, Rudi spricht erst mal nur davon, dabei wollte er eigentlich im Oktober kommen. Ging nicht, aber ich sagte dem Studenten, den Birgit angeschleppt hat, dass er wirklich nur einen Monat bis Ende Oktober bleiben könne, und vermittelte ihn dann weiter ins Haus von Welf. Rudi wollte unbedingt in Ralfs Zimmer. Ralf hatte sich zuerst angemeldet und sich für das Zimmer im Erdgeschoss entschieden. Ich sollte Ralf für Rudi bitten, ob er freundlicherweise tauschen würde. Rudi braucht Tageslicht, und der helle Wintergarten vor dem Zimmer hat es ihm angetan. Rudi bietet Ralf für einen Tausch signierte CDs an. Die lehnt Ralf – gelegentlich legt er in Berliner Clubs als DJ Ralle auf – am Telefon erst mal ab, aber er ist dennoch einverstanden. »Ich hab Rudi gegoogelt. Scheint ja ein lustiger Kerl zu sein.«

Ralf kenne ich von der Arbeit. Er ist Bildredakteur. Wir kennen uns seit über zehn Jahren. Wir sind nicht eng befreundet, aber wir mögen uns. Er kennt meine Kinder, ich seine Frau. Meine große Tochter durfte ein paar Wochen bei Ralfs Frau wohnen, als sie in Berlin zu studieren begann. Ralf pendelt zwischen seiner Frau in Berlin und seinem Job in München, vor Corona hatte er eine Vier-Tage-Woche, fuhr alle zwei Wochen für ein langes Wochenende hoch. Anna, seine Frau, kam öfters nach München. Während Corona macht er Homeoffice in Berlin, seine Wohnung in München hat er zwei Jahre lang kaum betreten. Nach dem zweiten Lockdown haben unsere Chefs eine Regelung für ihn in Aussicht gestellt, nach der er nurmehr jede zweite Woche in München im Büro sitzen muss und den Rest der Zeit weiter vom Homeoffice in Berlin aus arbeiten darf. Er braucht nicht mehr so viel Platz für insgesamt nur acht Nächte im Monat in München. Er will Geld sparen und er hat Lust, mal wieder mit anderen zusammenzuwohnen. Mit mir. Auch die Schilderung von Birgit macht ihm keine Angst. Ich freue mich auf Ralf. Er ist lustig. Er ist leise. Er kennt sich mit Computern aus. Wir teilen die Vorliebe für chinesische Küche, er mag Knoblauch und Chili, und wir haben in Berlin auch ein gemeinsames Lieblingslokal, Good Friends in der Kantstraße. Wie schön, dass er eingezogen ist.

Über Birgit sagt Ralf: Die ist ja total nett. Großartig, dass sie uns allen immer Pilze aus dem Labor mitbringt. Hat sie mir gleich gezeigt. Und ihr Schweizer Akzent ist ja süß. – Hat sie dir auch gesagt, dass du ab zwölf nicht duschen sollst? – Sie hat von zwei Uhr gesprochen, wenn sie am nächsten Tag um sechs raus ins Labor muss. – Hat sie dich gebeten oder das eher angeordnet? – Gebeten. – Uff. Wunderbar.

Ralf hat an Birgit erst mal nur verwundert, dass sie den Kühlschrank manchmal mit bis auf die Hand heruntergezogenem Ärmel öffnet. »Hat sie so Angst vor den Viren?«

Rudi kenne ich über Phoebe, den Assistenten von Freddie Mercury, der mit meiner Mutter befreundet war. Rudi ist Rudi Dolezal, mit seinem Freund Hannes Rossacher waren sie die Ersten, die im deutschsprachigen Raum Musikvideos drehten, und das so gut, dass Bands und Popstars wie Falco, die Rolling Stones und eben Queen sie engagierten. Rudi ist Österreicher und wollte noch einmal einen Dokumentarfilm über Freddie Mercury drehen. Phoebe meinte, Rudi wolle mich interviewen, und ich solle ihn doch mal unverbindlich treffen, damit er mir von seinem Projekt erzählen könne. Zu Phoebe habe ich all die Jahre lose Kontakt gehalten. Ich mag ihn. Und wenn er Rudi mag, treffe ich ihn natürlich, auch wenn ich eigentlich keine Lust habe, vor der Kamera etwas über meine Mutter zu erzählen.

Rudi ist ein großer Mann mit Bauch, Anfang sechzig, mit kleinem Kinnbart und langen Haaren, die er blond färbt und meist zu einem Pferdeschwanz bindet. Er trägt schwarze Pullover und immer einen bunten Schal, wenn er auf Sendung geht, oft zieht er sich ein buntes Sakko drüber. Rudi redet viel und ist von der Bedeutung der Rockmusik im Allgemeinen und seiner Arbeit der Aufklärung über Rock im Besonderen überzeugt, aber er ist nicht arrogant und nicht aufdringlich. Ich sagte ihm für ein kurzes Interview zu – und meine Schwester, die ein bisschen mehr zu erzählen hatte, tat es auch. Er interviewte uns im Schumanns, am Nachmittag. Er tat so, als hätte er mein Buch über meine Mutter gelesen, das ich erst vor wenigen Jahren zu Ende geschrieben und veröffentlicht hatte, aber als er mich vor der Kamera interviewte, war mir schnell klar, dass er es kaum kannte. Rudi hatte Freddie Mercury über die Arbeit kennengelernt, er hatte Musikvideos von Queen gedreht, die heute noch berühmt sind, Rudi verehrt Freddie geradezu. Er hatte auch meine Mutter kennengelernt und er mochte sie, wie er behauptet. Er nennt sie im Film Freddies Vergnügungsministerin und versichert mir, dass er das nett meint.

Ich erlebte ihn an diesem Nachmittag drei Stunden, und in dieser Zeit fragte er seine Assistentin mindestens fünf Mal: Claudia, wo ist mein Schal? Oder: Claudia, wo ist mein Handy? Professor Rudi Dolezal mag ein gelehrter Rock-Kenner sein – übrigens, ich darf nicht vergessen, ihn zu fragen, woher er eigentlich den Professorentitel hat –, aber in vielem anderen erscheint er hilflos. Als wir nach dem Dreh zusammensaßen, erzählte ich von meiner WG, und er sagte, er habe jetzt öfters in München zu tun und wolle unbedingt bei mir einziehen. Jaja, in Ordnung, sagte ich, und war mir sicher, nie wieder von ihm zu hören.

Ein paar Tage später meldet sich Rudi tatsächlich, erzählt, dass er sein Haus in Wien gerade renoviere und verkaufe, dass er seit dem zweiten Lockdown im Hotel wohne – gratis, weil er sich bereit erklärt hätte, einige Musikzimmer mit seinen Rock-Devotionalien auszuschmücken – und dass er jeden Morgen schon auf dem Weg zum Bahnhof mindestens zwei Autogramme geben müsse, so prominent sei er in Österreich. Wegen seiner beiden Musiksendungen, eine für Krone TV und die andere im Internet. Er habe oft in München zu tun, ein Film über Peter Maffay, und wolle nicht so viel pendeln und lieber mal wieder in einer Wohngemeinschaft als im Hotel leben. Peter Maffay hätte ihm auch angeboten, bei ihm im Gästepavillon am Starnberger See zu wohnen, aber das sei Rudi zu eng mit ihm. Als er mich besuchen kam, sagte er nach zwei Minuten und ohne den Rest des Hauses angesehen zu haben, dass er das Zimmer haben wolle. Das untere, in das Ralf eigentlich ziehen wollte.

Rudi spricht liebevoll von seinen Söhnen, Teenager, die die längste Zeit bei ihm aufwuchsen, nun aber bei der Mutter und ihrem neuen Mann lebten. Er erzählte auch, warum er sich von der Mutter seiner Söhne getrennt hat. Den ersten Lockdown hat Rudi in Miami verbracht, wo seine Filmproduktionsfirma gemeldet ist und er an einem Buch über Freddie Mercury geschrieben hat. Seinen Firmensitz hat er nach Miami verlegt, nachdem er ein paar Probleme mit dem österreichischen Finanzamt hatte. Mit seinem Partner Hannes Rossacher hat er sich schon vor Jahren überworfen – »Dabei waren wir mal wie Blutsbrüder.«

Rudi taucht gerne. Nach anstrengenden Dreharbeiten sei er öfters mit seinen Söhnen auf Tauchsafari in Florida gegangen, auf den Malediven, in der Karibik, am Great Barrier Reef war er auch. Rudi – und damit beeindruckte er mich wirklich – ist Divemaster mit über 2500 Tauchgängen. »Was, du tauchst auch?«, fragte er überrascht und bald auch: »Was, du spielst Fußball? Hab ich auch jahrelang. Nimmst du mich mal mit, wenn ich hier wohne? Ich will mich neu erfinden und nur noch das machen, was mir Spaß macht. Mich trennen von allem Ballast in meinem Leben. Deswegen habe ich auch mein Haus verkauft und meine Schulden beglichen.«

Wie unterhaltsam es sein könnte, in einer WG zu leben, wenn man lauter lustige, offene Menschen wie Rudi und ihr Leben kennenlernt. Was für eine Bereicherung das sein kann. Natürlich hatte ich nichts dagegen, dass

Rudi einzieht. Und Ralf nicht, mit ihm Zimmer zu tauschen.

Aber Rudi ist noch nicht richtig eingezogen, hat nur mal zwei, drei Nächte in seinem neuen Zuhause verbracht. Dafür ruft er zwei Wochen lang alle drei Tage aus Wien an, ob ich mir den Film schon angesehen habe. Nein, habe ich nicht. »Okay, du bist zu nervös, aber dann schauen wir ihn uns zusammen an, wenn ich bei dir einziehe.« Rudi meldet sich für Anfang November an, dann Mitte November, nach Ausstrahlung seines Films über Freddie Mercury, aber eine Augenentzündung kommt ihm in die Quere, er müsse noch jeden Tag zum Arzt. Er schreibt zwei, drei Postkarten aus Wien, wie liebenswert. Aber ich vermute, sein Wunsch, mal wieder in einer WG zu leben, entsprang eher einer sentimentalen Anwandlung, und in der Entfernung wurde ihm nun klar, dass er inzwischen zu alt, zu bequem, zu wohlhabend für so eine Veränderung wäre. Ich rechnete nicht mehr mit ihm.

Mitte Dezember kommt Rudi dann wirklich. Zum Drehen einer seiner Interview-Sendungen. Ich beziehe sein Bett. Lege Handtücher raus. Wische die gröbsten Staubknäuel aus dem Regal. Hole ihm den Fernseher aus dem Keller, er braucht einen, hatte er gesagt. Gegen die Einsamkeit, zum Einschlafen.

Er bleibt wieder nur drei Nächte. »Das reicht, um alles auszuprobieren und zu wissen, was ich hier noch brauche.« Er will weiter nach Teneriffa, zwei Wochen Ausspannen und Sonne und Nichtstun, eine Mitarbeiterin hat ihm einen Flug gebucht, erst mal one-way, »im

Internet, das kann ich nicht.« Er wohnt dort in einem Appartment, das er schon vor zwei Jahren angemietet hatte, aber dann kam Corona dazwischen.

Rudi braucht ein zweites Kopfkissen, es ist zu kalt, kann man denn nicht die Heizung nachts hochdrehen? – Doch, aber nachts schaltet sie sich aus. – Wieso? – Rudi hätte gern einen Fernsehanschluss. Wie er Netflix über den Computer auf dem Fernsehbildschirm laufen lassen kann, weiß er nicht. Er braucht auch jemanden, der seinen Computer für ihn einstellt. Ich verspreche, mich um den Kabelanschluss des Fernsehers zu kümmern. Macht nichts, er will nicht kompliziert sein, er kann Netflix auch auf dem Handy schauen.

Morgens, da braucht Rudi ein warmes Getränk. Okay. Ich werde ihm Kaffee kochen, aber den Schal such ich ihm nicht. Danach braucht er ein Taxi, das ich ihm rufe. Er braucht etwas zu essen, aber nicht so scharf wie das, was ich gestern gekocht hatte, er will Pasta mit Tomaten ohne alles, kein Knoblauch, keine Zwiebel, vor allem kein Salz – wegen seines Blutdrucks. Er bekommt seine Kindernudeln von mir. Rudi stellt sein Geschirr in die Spüle – zum Einweichen, sagt er –, und da lässt er es stehen und zieht auch die Schuhe im Haus häufig nicht aus, zu kalt. Auf dem Rückweg vom Dreh spricht er sich mit einem Taxifahrer ab, der ihn in München öfters mal fahren soll. »In Wien habe ich auch einen.« Rudi braucht bekannte Gesichter um sich. Und Rudi braucht einen Verlag. Ich rufe meinen Agenten an, ob er sich Rudi und sein Manuskript nicht mal anschauen wolle, der sei ein verrücktes Huhn, schreibe ich. Rudi sagt, er wolle mir Geld überweisen, auch die

Miete für die sechs Wochen, die er gar nicht da war, er wolle gar nicht handeln. Und er will seinen Film mit mir anschauen. Er sagt, er sei jetzt zu müde. Aber morgen! Was? Wieso hätte ich mir was für seinen letzten Abend vorgenommen? Er macht nur einen Scherz. Aber ich fühle mich in den ersten Tagen mit Rudi wie eine Herbergsmutter.

Birgit macht die Fenster nun doch wieder öfter auf, nur zum Lüften, sagt sie, weil es eben stinkt, wenn man nicht lüftet. Nicht wegen Corona?, frage ich scheinheilig. Ich bitte sie eindringlich zum wiederholten Mal, nach dem Lüften die Fenster wieder zu schließen. Ich hatte mir fest vorgenommen, dabei nicht genervt zu klingen, vergeblich. Mit Rudi hat Birgit nach drei Tagen nicht mehr als Hallo gesprochen. Rudi gefällt nicht, dass sie nicht geimpft ist, aber er macht es nicht zum Thema.

Vor den Kindern meiner Freundin versuche ich ein bisschen damit anzugeben, dass ein DJ bei mir einzieht. Wieso findet man nichts auf Spotify von ihm?, fragt der Sohn, frage ich dann Ralf alias DJ Ralle. Unter anderem Namen finde man doch etwas, sagt er. Carolines Kinder zeigen sich ein bisschen beeindruckt, als sie seine Musik auf dem Handy hören. Ganz okay, sagt der Sohn.

Rudi sucht einen Verlag für sein Freddie-Buch. Und deswegen empfängt er einige Besucher bei uns in der Küche. Ich koche Kaffee für sie. Ich hatte bei meinem Agenten für ihn nachgefragt. Der Agent antwortete, er habe von dem Projekt gehört, aber es gebe mittlerweile zu viele Bücher über Freddie – der Agent schreibt in seiner Antwort Freddies Namen falsch. Rudi erzählt von der scherzhaften Warnung an die Angestellten seiner früheren Firma: Wer Freddie Mercury mit y vorne schreibt, fliegt raus. »Dein Agent kommt also gar nicht infrage. Ich bringe das Buch im Zweifel im Eigenverlag heraus. Einen Lektor brauche ich auch nicht. Ich habe sieben Echos und einen Emmy gewonnen, an dem Manuskript wird kein Komma geändert.«

Okay, Rudi, wie du meinst. Ich muss mal los. Du kannst dir ja einfach Nudeln heute abend machen. Und dann fragt mich der siebenfache Echo-Gewinner: »Wie lange kocht man Nudeln?«

Es ist schön, dass Rudi eingezogen ist, aber es ist auch unerwartet zeitraubend.

Nach seiner Abreise schreibt er Postkarten aus Teneriffa. Aus zwei Wochen sind inzwischen vier geworden. Auf der zweiten Karte kündigt er seine Rückkehr für Anfang Februar an.

»Und? Wie ist es so?« Ich glaube, mich trifft der Schlag, als Birgit fragt, wie es mir geht. – »Äh, ganz gut, Rudi ist schon wieder weg, nach Teneriffa, und ich habe keine Ahnung, wann er wiederkommt, und Ralf kommt bis Weihnachten ganz sicher nicht mehr, weil wegen Omikron wieder für alle Homeoffice angesagt ist. Und ich bin wieder gelegentlich am Wochenende bei der Freundin.«

Aha. Dass mit Caroline zwischendurch Schluss war, wusste sie gar nicht, sagt Birgit. Ja, ich erzähle ihr von mir noch weniger als sie mir von sich.

E-Mail von Li. Die Kontoauszüge, die nach München geschickt wurden, soll ich jetzt einfach zerreißen. Die Hantelbank, die er im Keller zurückgelassen hat, darf ich behalten oder im Internet verkaufen und dafür irgendwas für den Haushalt und die neuen Mieter besorgen. Hä? Will er sich etwa über eine mangelnde Küchenausstattung beschweren? Und mit Berlin komme er inzwischen etwas besser klar, aber das trübe Winterwetter deprimiere ihn und er überlege ernsthaft, im nächsten Jahr wieder einen Job in München zu suchen. Das hatte er ja schon mehrmals gesagt.

Birgit hat angekündigt, Weihnachten zwei Wochen weg zu sein. Ich freue mich für sie, frage aber nicht, wohin und zu wem sie reisen wird. Drei Wochen später hole ich das nach, sie erzählt, dass sie in eine Hütte in den Schweizer Bergen geht. Mit wem? Mit einem Freund, sagt sie und macht klar, dass sie nicht mehr über ihn erzählen möchte. Sie will mal ausspannen, Filme schauen, nur ein bisschen an ihrer Magisterarbeit schreiben und klettern. Als ob sie in der WG nicht zur Ruhe käme. Ralf in Berlin, Rudi auf Teneriffa, ich war auch das ganze Wochenende bei der Freundin.

Eine andere Freundin besucht mich und verlangt nach dem Mittagessen nach einem alten Keks von Astrid. Die hatte sie noch zum Abschied gebacken. »Bitte richte ihr aus, dass sie bei mir in einer Alten-WG jederzeit willkommen wäre«, sagt Marion, nachdem sie probiert hat. An Weihnachten vor einem Jahr hatte Astrid für meine Kinder Plätzchen gebacken und zur Bescherung eine

E-Mail geschickt, in der sie verraten hat, wo sie waren. Meine Kinder haben Astrids Plätzchen geliebt und sich nicht daran gestört, dass sie so viel geredet hat. Dass Birgit so wenig redet, stört sie auch nicht. In mancher Hinsicht sind meine Kinder viel toleranter als ich. Sie erzählen nur auf Nachfrage etwas von Schwierigkeiten in ihren WGs. Nicht dass es die nicht gäbe, sie nehmen sie bloß nicht so wichtig.

»Hast du mal zwei Minuten?«, fragt Birgit mich mal wieder. – Klar. – »Also tut mir leid, wenn ich mit Li und dir ein bisschen streng war wegen Corona, wollte nur vorsichtig sein, und ich werde Ende Januar mit dem Schlafsack vor dem Institut in Zürich übernachten, in dem die ersten Probanden mit dem neuen Impfstoff geimpft werden. Und darf ich den Spind von mir umräumen?« – »Wie du magst. Ich fand es nur zu kalt letzten Winter. Du hast ja ständig die Fenster aufgerissen.«

In den letzten Wochen war ein regelrechter Kleinkrieg zwischen uns entbrannt. Sie riss irgendwo das Fenster auf, schon rannte ich, um es wieder zu schließen. Birgits Erklärung: »Wir sind einfach grundverschiedene Klimatypen, mein Traumland, und ich hoffe, dass es jetzt bald klappen wird, dort hinzureisen, ist Island.« Wie wahr. Birgit trägt im Haus immer ihren Hoodie mit hochgezogener Kapuze. Sie hat einen knallgrünen und einen gelben, die sie abwechselnd trägt. Auf dem gelben steht: Montreux Rave 2016.

Wir sind auch grundverschiedene Wohntypen. Nach einem Wochenende auf Reisen ist plötzlich das ganze Haus geputzt. Ihr Spind liegt quer vor der Kellertreppe.

Ob ich ihr helfen könne, den wieder aufzurichten? Birgit hat den Keller komplett umgeräumt, so wie Astrid es gemacht hatte, war es ihr nicht systematisch genug. Sie hat jetzt alle Kisten beschriftet. Sie fragt artig, ob sie ein Poster vom Matterhorn oben in einer Ecke vom Gang aufhängen dürfe. – Ich traue mich nicht, ihr zu sagen, dass ich das Poster nicht so mag. Ich sage: Jaja, okay, kein Problem.

Auch Li meldet sich wieder: »Lebt meine Pflanze noch?« Sie lebt, aber ich war nahe dran, sie wegzuwerfen. Es ist eine sehr schwul aussehende Pflanze mit großen Blättern, die am Rand und um die Adern in dramatischem Lila leuchten, in einem goldfarbenem Topf auf einem goldfarbenem Aluteller. Ende Januar will Li jetzt tatsächlich nach München kommen, um sich für einen neuen Job in der alten Stadt vorzustellen.

Ach ja, Rudis Professorentitel: Er sagt, der österreichische Präsident habe ihm den ehrenhalber verliehen.

10 ANERKENNUNG DES ANDERSSEINS
Beatrix und Karl-Ludwig in Utopiaggia

Es gibt Menschen, von denen man als Erstes erfährt, mit wem sie mal zusammengewohnt haben. Bei Longo ist das so. Klaus Lange, so heißt er für Leute, die ihn nicht näher kennen, hat mit Joschka Fischer, dem früheren Außenminister der Grünen, in einer WG in Frankfurt gelebt. Ende der Neunzigerjahre war Longo mein Textchef beim *SZ-Magazin*, und als wir kürzlich nach langer Zeit wieder telefonieren, erzählt er mir auch von einer Kommune in Italien, in der er ein Jahr Anfang der Achtzigerjahre gelebt habe und wo er gerade zu Besuch gewesen sei.

Piaggia heißt das Gut in Umbrien, in das einige aus Frankfurt gezogen sind. Mit Longo, ohne Joschka Fischer. Vierzig Leute gründeten dort vor bald vierzig Jahren eine Kommune. »Utopiaggia« nannten sie es, es sollte ein Ort sein, der die Gesellschaft verändert. »Wir waren linksradikal, aber keine Leninisten, weshalb uns die traditionellen Marxisten als Spontis verurteilten«, sagt Longo. »Wir wollten ein Vorbild dafür liefern, dass eine nicht-kapitalistische, nicht-totalitär-kommunistische Gesellschaft machbar ist.« Den Gründern schwebte eine Art Labor vor, wie man ohne Konsumwahn, Ent-

fremdung von der Arbeit, Stress und Umweltzerstö-
rung, dafür mit Solidarität und Achtsamkeit füreinander
und für die Natur leben könne.

Davon sei nicht mehr viel übrig, meint Longo. Die
Kommune sei im Grunde nur noch eine Alten-WG.
Niemand halte Utopiaggia weiter für ein taugliches
Vorbild für die Gesellschaft, niemand werde darüber
öffentlich reden.

Utopiaggia ist heute die älteste von über 30 bekannten Kommunen in Italien. Die Kommune ist eine Ende
der Sechzigerjahre wiederentdeckte Lebensform, die
inzwischen aus der Mode gekommen scheint. Allerdings fragen sich jetzt wieder viele Menschen angesichts
überteuerter Mieten und zunehmender Vereinsamung,
wie man wohl anders leben könnte als in der Kleinfamilie oder als Großstadtsingle. Eine Frage, die sich auch
und vielleicht gerade im Alter stellt.

Anruf bei Bernd Leineweber, wie Longo ein Gründungsmitglied der Kommune. Das Gespräch dauert
keine zwei Minuten. »Wir haben beschlossen, dass wir
so was nicht mehr machen«, sagt er und legt auf. Zwei
Wochen später wage ich einen weiteren Versuch bei der
zweiten Nummer, die mir Longo gegeben hat.

Karl-Ludwig Schibel legt nicht auf. Auch er zählt
zu den Gründungsmitgliedern, wohnte in der Ur-
sprungs-WG in Frankfurt, war in Niederbayern dabei,
wo die WG sieben Jahre lang einen Bauernhof bewirt-
schaftete – »aber es wurde zu eng. Die Nachbarn in der
Gemeinde haben ihre Skepsis uns gegenüber nie ganz
abgelegt«, sagt Schibel. Man beschloss, weiter nach Italien zu ziehen. Als die vierzig Erwachsenen und zehn

Kinder im ersten Sommer 1982 die Gutshäuser zu renovieren begannen, schliefen sie in Zelten.

Karl-Ludwig Schibel ist – wie sein Freund Bernd – einer von mehreren Soziologen, die damals dabei waren. In Frankfurt hatte er eine Assistentenstelle an der Universität, seine damalige Frau war Assistentin bei Jürgen Habermas, dem Philosophen. Schibel war 1988 einer der Gründer der *Fiera delle Utopie concrete*, der Messe konkreter Utopien, und zwei Jahre später des Klima-Bündnisses der europäischen Städte, heute sind es fast 2000. Schibel ist bei diesen beiden Projekten immer noch engagiert, er reist und nimmt an Diskussionsrunden teil, neulich wieder mit Matthias Horx, der sich lange als Zukunftsforscher bezeichnete.

Horx besuchte Utopiaggia fünf Jahre nach der Gründung und schrieb 1987 einen Artikel im *Zeit Magazin*, in dem er alle utopischen Ideale schon gescheitert sah, weil viele Bewohner zwischendurch zum Geldverdienen, mit Taxifahren etwa, nach Deutschland zurückkehren mussten, um sich wieder ein paar Monate Utopie in Italien leisten zu können. *Das verlorene Paradies* lautete der Titel des Artikels, in dem Horx der Kommune Altersarmut prophezeite: »Geht es schlecht aus, bleibt nur das Sozialamt in der alten Heimat.«

Die meisten der aktuell 21 Bewohnerinnen und Bewohner sind heute in Rente. Karl-Ludwig Schibel ist 77. Ist es wirklich eine Alters-WG geworden, ist die Kommune unterwegs irgendwo verlorengegangen? Die Unterschiede hält Schibel für fließend: »Uns geht es nicht nur um Kostenteilung. Wir sind mehr Kommune geworden. Auf einer Skala von eins bis zehn liegen wir heute sicher bei 7,8«, sagt er leicht scherzhaft und fügt hinzu: »Im Alter sind wir enger gerückt, haben mehr Zeit füreinander.« Er begrüßt es, wenn sich die Gesellschaft wieder für ihre Utopie interessiert.

Utopiaggia liegt in Umbrien, auf der Strecke zwischen Florenz und Rom. Von der Straße bis Montegiove führt ein zwei Kilometer langer Schotterweg durch Wald über Hügel zum Haupthaus der Kommune. Ohne Auto ist man in Utopia aufgeschmissen. Eine halbe Stunde braucht man zum nächsten Supermarkt. Olivenhaine, Bäume und Wiesen säumen das Haus. Wildschweine und Wölfe streunen durch die Wälder.

Auf der Anhöhe in zwei Kilometer Entfernung steht eine Burg, der Marchese patrouilliert mit dem Gewehr durch seinen Wald, hat Angst, dass man sein Holz schlägt und die Schafe der Kommune sein Gras fressen. Einmal haben sie das Gemüsebeet des Marchese verwüstet. Er verlangte 2000 Euro Schadensersatz. Schibel hatte keine Lust auf eine jahrelange Auseinandersetzung vor Gericht und zahlte 800 Euro. Ein andermal hat der Marchese eine Spaziergängerin mit geladenem Gewehr in sein Auto gezwungen, sie hatte sich versehentlich auf seinen Grund verirrt.

Ed Sheeran, der irische Popstar, lässt sich ab und zu in der Umgebung sehen, wo er sich zwei, drei Häuser samt Grund gekauft haben soll. Von 18 Häusern des Nachbardorfes Greppolischieto ist nur eines das ganze Jahr über bewohnt, 17 sind Urlaubshäuser von Niederländern und Römern, die Familie Fendi, die Modemacher, gehört dazu.

Das nicht-kapitalistische Utopiaggia hat also reiche Nachbarn bekommen, und das idyllische Gut ist heute sicherlich Millionen wert. 500000 Mark haben die hundert Hektar Grund mit drei sanierungsbedürftigen Häusern, mehreren Nebengebäuden, einer Kapelle und dem Schafstall 1982 gekostet. Karl-Ludwig Schibel lebt im ehemaligen Kuhstall neben dem größten Guts-haus, in dem zehn weitere Personen wohnen, sieben von ihnen haben jeweils zwei Zimmer für sich allein. Genug Platz, um sich auch mal tagelang aus dem Weg zu gehen.

Jeder hat damals in die gemeinsame Kasse gelegt, was er konnte oder wollte. Es gab keinen Mindestbetrag, niemand musste sich rechtfertigen, wenn er wenig oder nichts zum Kauf beitrug, niemand hat einen Rechts-anspruch auf seinen Anteil, falls er geht. In den ersten Jahren war das Geld knapp. Heute liegen Sonnenkol-lektoren auf dem Dach, »die habe ich mit meiner Le-bensversicherung vorfinanziert«, sagt Beatrix Ebeling, Schibels zweite Ex-Ehefrau.

Beatrix Ebeling empfängt mich in der Kommune, als ich anreise. Sie zeigt die Gästezimmer. Die Betten sind bezogen. Die Titel in den Bücherregalen waren in den Siebziger- und Achtzigerjahren populär: Thor Heyer-dahls *Kontiki*, Herrmann Hesses *Steppenwolf*, wenige ita-lienische Bücher. 25 Euro für Kost und Logis pro Tag verlangt die Kommune von ihren Gästen, aber es kann nicht jeder vorbeischauen, man muss schon jemanden kennen. Die Zimmer haben Zentralheizung, der Heiz-kessel im Keller brennt mit Holz aus dem eigenen Wald. Beatrix Ebeling führt durchs Haus: im ersten Stock

Gemeinschaftsküche, Esszimmer mit langem Tisch und Kamin, kleines Fernsehzimmer – die Kommune schaut sonntags *Tatort*.

Beatrix Ebelings Wohnzimmer im Erdgeschoss ist dunkel und leicht verraucht. Eine der beiden Hauskatzen huscht aus der Tür. Als Karl-Ludwig Schibel später aus Glasgow zurückkehrt, erzählt er verwundert, dass der Konvoi des US-Präsidenten zum Tagungsort des Klimagipfels aus 27 Limousinen bestand. Mit Karl-Ludwig hatte ich mich auf Zoom noch gesiezt, aber »in einer Kommune duzt man sich«, macht er gleich deutlich, »alles andere wäre unnatürlich.«

Beatrix also, sie ist 1988 gekommen. Sie hatte ihren Bruder Detlev besucht und sich dabei in Karl-Ludwig verliebt. Beatrix ist 72, vor drei Jahren erst hat sie zu arbeiten aufgehört. Gemeinsam mit Jule hatte sie im Nachbarort Tavernelle eine Schule für schwererziehbare Jugendliche aus Deutschland geführt. Mit fünfzig Prozent Erfolgsquote. »Da wurde schon hin und wieder ein Auto im Nachbardorf geklaut.«

Seit fünf Jahren lernt Beatrix jetzt Hebräisch, gibt über Zoom Italienisch-Unterricht und spielt jeden Abend um 17 Uhr Kniffel mit Jule, die mit 83 die älteste Bewohnerin in Utopiaggia ist. Beatrix kam einst mit kleinem Sohn und holte später ihre Mutter nach, die mit 96 vor drei Jahren starb – eine der ersten Toten von Utopiaggia. Franco, der Intellektuelle, der aus Liebe zu Karl-Ludwigs erster Frau Ildico in die Kommune gezogen war, war 2021 der Nächste. Er war gestürzt, seine Asche ist auf dem Grund begraben. Karl-Ludwig fragt sich, ob sie nachts oft genug Francos Zustand kontrolliert haben: »Aber wer weiß, ob er überhaupt zu retten gewesen wäre. Bei einem Nachbarn mit Herzinfarkt hat sich neulich der Krankenwagen verfahren. Das nächste Krankenhaus ist vierzig Kilometer entfernt, wahrscheinlich zu weit für Notfälle. Das muss jedem bewusst sein, der hier alt werden will.«

Bewohnerinnen und Bewohner kamen und gingen, an die 90 werden es in den vierzig Jahren gewesen sein. Niemand führt Buch darüber oder hätte Lust, die exakte Zahl zu eruieren. Es wäre wohl auch unmöglich, in jedem Fall zwischen einem regulären Bewohner und einem Gast, der über ein, zwei Sommer blieb, zu unterscheiden. Sie kamen wie die vielen Soziologen zu Beginn wegen ihrer Neugierde auf ein alternatives Leben. Später stießen die meisten wegen der Liebe dazu, so wie Beatrix. Viele gingen, sobald die Liebe endete: Etwa der Mann von Fantasia-Barbara, die sich so nennt, um sie von den beiden anderen Barbaras in der Kommune unterscheiden zu können, der Name leitet sich ab von der Druckerei Fantasia, die sie in Deutschland mit ihrem Mann betrieb. Christoph Wackernagel, so erzählt sie es, fragte das Paar einmal, ob sie Lust hätten, mit der RAF in den Untergrund zu gehen. Sie gingen lieber nach Utopiaggia, der Mann von Fantasia-Barbara blieb allerdings nicht lange.

Einige kamen auch, weil sie sich nach mehr Freiheit und Natur und weniger Stress sehnten. Eugen Gerhard etwa arbeitete früher als Physiotherapeut mit eigener Praxis. In Fürstenfeldbruck bei München habe er Starfighter-Piloten den Rücken wieder gerade massiert. »Ich habe richtig Geld verdient, aber was willst du damit, sobald du mal ein Auto, ein Haus, ein Segelboot hast?«, sagt er. Mit 39 Jahren zog er mit seiner ersten Frau nach Utopiaggia, bis er Susanne kennenlernte, mit der er zwei Töchter bekam. »Ich liebe die Freiheit hier. Wenn ich morgens aufstehe und Lust habe, Holz zu schlagen, mache ich das. Wenn nicht, auch gut. Wenn ich vor die Tür gehe und an den nächsten Baum pinkle, störe ich niemanden.«

Einige gingen wie Longo schon nach eineinhalb Jahren. Ihm passte die Regel nicht, dass eine Einzelperson die Beschlüsse per Veto aufheben kann. Oder sie wollten noch etwas anderes von der Welt sehen, wie die Söhne von Karl-Ludwig. Er spricht mit einer Mischung aus Stolz und Verwunderung von ihrem bürgerlichen Leben, das sie jetzt in München und Berlin führen. Der eine als Immobilienmakler, der andere als Filmproduzent etwa von *Toni Erdmann*. Beide Söhne mit Frau und Kindern, beide in »schicken« Wohnungen, wie Karl-Ludwig sagt, »der eine sogar in einer Eigentumswohnung«.

Karl-Ludwig lebt nun gemeinsam mit den zwei Müttern seiner Söhne in Utopiaggia. Er hat persönlich erfahren, was er schon aus dem Studium US-amerikanischer Kommunen im 18. Jahrhundert wusste: »Paarbeziehungen halten in einer Kommune weniger lang. Die emotionale Bindung in einer Zweierbeziehung schwächt die Identifikation mit der Gruppe – und umgekehrt schwächt eine starke Gruppe die Zweierbeziehung.« Einige US-Kommunen haben deswegen sogar die Ehe und exklusive intime Beziehungen verboten, um das gemeinsame Ziel nicht zu gefährden.

Das gemeinsame Ziel in Utopiaggia heißt größtmögliche Verfügungsgewalt über das eigene Leben. Verfügungsgewalt bedeutet im weitesten Sinne Selbstbestimmung, nicht Selbstversorgung. Die Kommune hat Brennholz und Schafe, macht Käse, baut Gemüse an, aber die Mitglieder der Kommune kaufen auch im Supermarkt ein, alle haben einmal Jobs außerhalb angenommen, von der Landwirtschaft allein leben zwei Personen. Komplette Selbstversorgung war von Beginn an nicht das Ziel. Das Land zwischen den Hügeln ist nicht fruchtbar genug und nicht effizient zu bearbeiten, die Kommune war nie autark. Formaljuristisch bildet Utopiaggia eine Landwirtschaftsgenossenschaft, was in Italien bedeutet, dass die Kooperative das Land auch landwirtschaftlich nutzen muss. Sonst fällt der Grund wieder an den Staat.

Die Bewohner kommen mit wenig aus. Früher gab es eine gemeinsame Haushaltskasse für alle drei Häuser, heute nur noch für das Haupthaus. 150 Euro im Monat zahlen die elf Bewohner ein, damit werden Lebensmittel bestritten. Die Bewohner der beiden anderen Häuser wirtschaften großteils für sich. 50 Euro zahlen alle Kommunenmitglieder in eine Rücklagenkasse für Strom und Reparaturen. Ein Glas Rotwein aus der Fünf-Liter-Flasche kostet 70 Cent in der Bar, die man in der ehemaligen Kapelle aufgemacht hat. Eine gemeinsame Kasse für Einkünfte gab es nie. Jeder wirtschaftet für sich. Wie in einer WG.

Die Kommune bezahlt auch die Arbeit an der Zisterne aus der Rücklagenkasse. Die Bewohner haben vor vierzig Jahren gleich einen Brunnen gebohrt, knapp dreißig Meter tief, nicht tief genug in Zeiten des Klimawandels, in den vergangenen zwei Jahren hat es kaum geregnet. Die alte Zisterne muss deswegen nun vergrößert werden, damit mehr Wasser gespeichert werden kann. 100000 Liter, mit Solarpumpe, für den Garten, das Gemüse, die 600 Olivenbäume, die 130 sardischen Schafe. Die Hühner hat einmal der Fuchs gestohlen.

Hans heißt der Mann, der in der Grube für die Zisterne steht und die drei Meter hohen Wände verputzt. Hans lebt erst seit einem Jahr in der Kommune. In Deutschland hat er auf dem Bau gearbeitet, in Portugal wollte er nur Urlaub machen, aber es gefiel ihm so gut, dass er sofort in den Süden umzog. Sieben Jahre blieb er, auf dem Land, mit eigenem Wasser. Da sei er auf den Geschmack gekommen. Er hörte von Utopiaggia und stellte sich in der Kommune vor. »Natürlich möchte ich bleiben«, sagt er. »In Deutschland könnte ich nicht mehr leben.« Warum nicht? »Das kann niemand nachvollziehen, der nicht selbst schon einmal autark gelebt hat.«

Die Gruppe hat entschieden, dass er endgültig bleiben darf. Hans ist Anfang fünfzig und Handwerker. Er senkt den Altersschnitt der Kommune beträchtlich, und er kann Dinge, die sie in Utopiaggia dringend brauchen. Die Kommune tat sich von Anfang an schwer, neue Mitglieder nachzuziehen, und mit den Jahren ist das nicht besser geworden. Außer Hans sind in jüngster Zeit nur Thomas, ein Schreiner, und ein junges Elternpaar nach Utopiaggia gezogen.

Die Bewohner von Utopiaggia versammeln sich immer noch unter der Pinie hinter dem Haupthaus, wenn es gilt, im Plenum Entscheidungen zu treffen. Nicht mehr abends und nicht mehr mit Wein, sondern sonntagvormittags, da sind die Chancen größer, sich beizeiten zu einigen. In der Kommune sollen alle gleiche Rechte besitzen, jedes Thema muss so lange ausdiskutiert werden, bis alle einer Meinung sind. Die Beschlüsse müssen einstimmig gefasst werden.

Früher wurde stundenlang darüber debattiert, ob der Haushaltsbeitrag erhöht werden darf oder ob er auch für Kinder erhoben werden soll. Nicht selten bis um drei Uhr nachts, oft vertagte man sich auf den nächsten Abend. Acht Jahre lang konnte man sich nicht darauf einigen, das Kompostklo und die Regentonne zum Waschen vor dem Haus endlich durch Wasserspülung in den Bädern zu ersetzen. Geht doch auch so, hieß es lange, und fließend Wasser wäre zu teuer. Beatrix hat besonders diese Diskussion als unsäglich in Erinnerung. Karl-Ludwig sagt, die Kommune habe dazugelernt. Zwei Supervisionen hat sich die Gruppe unterzogen. Zuletzt vor acht Jahren unterwiesen unparteiische Therapeuten sie in der »Anerkennung des Andersseins«.

Die Treffen im Plenum sind seltener geworden, und sie verlaufen in der Regel friedlicher. »Mein Gott, wie oft bin ich früher heulend aus dem Plenum gelaufen, heulend vor Wut, und habe mich gefragt: Warum tue ich mir das an?«, erzählt Karl-Ludwig. Aber es kommt immer wieder zu Rückfällen in alte Streitmuster. »Es ist gerade mal ein paar Wochen her, dass mir jemand im Plenum Prügel angedroht hat. ›Du bist ein notorischer

Nörgler‹, hatte ich ihm zuvor gesagt.« Es ging in der Diskussion um den Ausbau der Käserei und den Einsatz der EU-Zuschüsse.

Zuletzt wurde darüber gestritten, ob die Zisterne nun mit einer Folie ausgekleidet oder lieber mit einer wasserundurchlässigen Farbe gestrichen werden soll. Und: Soll der verschlammte Badeweiher ausgebaggert werden, damit man wieder darin schwimmen kann? Oder zerstört der Bagger das ganze Biotop für Frösche, Schlangen, Lurche? »Solange ich lebe, möchte ich das nicht mehr«, heißt das gängige Totschlagargument in Utopiaggia, das auch in dieser Diskussion wieder ins Feld geführt wurde. Mitunter spielen wohl auch narzisstische Kränkungen eine Rolle: Die Leute, die sich um die Landwirtschaft kümmern, fühlen sich von den anderen oft nicht genügend gewürdigt. Die Handwerker, die in Renovierungsfragen kompetent sind, wollen sich von den Soziologen nicht sagen lassen, wie was zu tun ist.

Karl-Ludwig und Bernd haben sich Utopiaggia einmal ausgedacht. Sie forschten beide in den USA und besuchten dort auch einige Kommunen. Karl-Ludwig lebte ein paar Tage lang bei den Amish. In Tübingen geboren konnte er ihr altertümliches Schwäbisch gut verstehen. Der starke Zusammenhalt faszinierte ihn. Die Jungs aus einer Amish-Gemeinde, sagt er, dürfen tun und lassen, was sie wollen. Auto fahren, sich im Nachbardorf betrinken, mit fremden Mädchen flirten. Doch solange Männer nicht heiraten, haben sie nichts zu sagen, gelten sie noch nicht als gleichwertige Gemeindemitglieder mit allen Rechten und Pflichten – das werden sie erst durch eine Hochzeit. »Das ist schlau«, sagt Karl-Ludwig, »es festigt die Gemeinde. Die wenigsten jungen Männer gehen weg.«

Gemeinschaften überdauern besser, sagt er, wenn sie eine spirituelle und eine wirtschaftliche Basis haben. Eine spirituelle Gemeinschaft sei Utopiaggia nie gewesen, einen oder mehrere gemeinschaftliche Wirtschaftszweige aufzubauen, habe man nie ernsthaft versucht. Karl-Ludwig bedauert das. Er weiß von der US-Kommune Twin Oaks in Virginia, die bis heute Hängematten produziert, was ihr eine solide Grundlage und Struktur gebe, wenngleich die durchschnittliche Verweildauer der Bewohner der Kommune nur zweieinhalb Jahre betrage. »In Utopiaggia haben wir es versäumt, eine kollektive wirtschaftliche Basis für die Kommune zu schaffen«, sagt Karl-Ludwig. »Wir hätten durchaus die Gelegenheit gehabt, zum Beispiel einen Weinhandel aufzustellen.«

Anarchisch und humanistisch sollte Utopiaggia werden, ein Gegenentwurf zu entfremdeter Arbeit und fremdbestimmtem Leben in Deutschland. So eine utopische Gesellschaft der Zukunft hatte es in der Vergangenheit schon gegeben. Karl-Ludwig hat mehrere Bücher über das Thema geschrieben. Ihm schwebte eine Kommune nach dem Vorbild bäuerlicher Dorfgemeinschaften im Mittelalter vor, die sich weitgehend selbst verwalteten, den Dorfpfarrer bestimmten, auch kleinere Streitigkeiten ohne die Einmischung eines Feudalherren klärten, die mit der Allmende selbstverständliches Gemeineigentum kannten, wo das gesprochene Wort galt, in denen jede Stimme gleich viel zählte, die selbstbestimmtes Leben und Arbeiten ermöglichten. Eine Gemeinschaft unter relativ Gleichen.

Ganz wie in der mittelalterlichen Dorfgemeinschaft gibt es keine Satzung in Utopiaggia, von Anfang an nicht. Keinen Vertrag für die Genossenschaftsmitglieder, keine Hausordnung, nicht einmal Regeln dafür, wie oft man sich trifft und wie und wann Entscheidungen zu fällen sind. Es gilt das gesprochene Wort.

Anarchisch, gewiss. Aber ein Gegenentwurf zu entfremdeter Arbeit und fremdbestimmtem Leben in Deutschland? Nur insofern die Bewohner es selbst schaffen, eine selbstbestimmte Arbeit zu finden. Die Kommune kann nur den zwei Bewohnern Arbeit bieten, die sich um die Schafe und den Pecorino kümmern. Die anderen müssen ihr Glück selbst suchen.

Der Küchendienst ist die einzige Regel, die schriftlich festgehalten wird. Im Haupthaus ist jeder reihum an der Reihe, für alle zu kochen. Mittags um eins wird die Glocke geläutet, dann steht das Essen auf dem Tisch. Vorspeise, Hauptgang, Nachtisch. Auf Pünktlichkeit wird Wert gelegt. Jule, die Älteste, hat heute Salat gemacht, rote Bete, Apfel, Karotte, dann Quark mit Kartoffeln und zum Dessert Apfelkuchen. Für den Quark ist sie fünfunddreißig Kilometer weit zum nächsten Discounter gefahren, das ist ihr und auch dem Rest am Tisch peinlich, wegen der Ökobilanz, aber Jule hatte so Lust darauf, und in Italien gibt es Quark selten zu kaufen.

Karl-Ludwig kocht nur sonntags, weil er unter der Woche in seinem Büro sitzt und in der Kleinstadt Città di Castello auch übernachtet. Eine Stunde mit dem

Auto liegt das Büro entfernt, nach einer Vier-Tage-Woche kehrt er donnerstagnachts zurück, und weil er in Kürze zu einem Geburtstag einer Freundin in die USA aufbrechen wird, kocht er an diesem Sonntag, an dem wir ihn besuchen, vor. Lässt mich Zwiebeln für Sugo schneiden, der für insgesamt drei Sonntage reichen soll. Karl-Ludwig kocht Bolognese, dazu gibt es selbst gemachte Spätzle. Vorher Salat, hinterher blanchierte Birnen mit zerlaufener Schokolade und reichlich Sahne. Zum Essen spendiert er zwei Flaschen Reserva aus seinem Zimmer im Kuhstall. Der ist besser als der Tischwein aus der Bar von Rosa L. Karl-Ludwig gilt als einer der besten Köche der Kommune, Bernd hat keinen Spaß am Kochen, verrät Beatrix, »aber er hat sich schon stark verbessert«.

Beim Essen im Haupthaus wirkt Utopiaggia auf mich wie eine eingespielte Gemeinschaft, die einmal einen gemeinsamen abenteuerlichen Traum gelebt hat, aber des Diskutierens müde ist und deutlich pragmatischer. Aus welcher Stadt kommt der *Tatort* heute Abend? Wann kommt Bernds Freund zu Besuch? Die Vogeljäger hier im Wald sehen ja echt viel fieser aus als die Wildschweinjäger – darüber unterhält man sich bei Tisch.

In den zwei kleineren Häusern bleibt man ohnehin meistens unter sich. Die Lebensformen in Utopiaggia sind vielfältig, manche leben allein wie Thomas in der Jurte, manche als Familie oder Paar, manche auch wie in einer normalen WG. Aber übliche Wohngemeinschaften haben keine gemeinsamen Gärten, keine Käse-, Holz- und Olivenwirtschaft, es kommt im Herbst nicht ein Dutzend Menschen zur gemeinsamen Olivenernte.

Freitags ist Bar-Abend in der ehemaligen Kapelle gegenüber vom Haupthaus. Rosa L. hat die Kommune ihre Bar genannt, mit abgekürztem Nachnamen, »weil wir niemanden erschrecken wollten«, erzählt Beatrix, die einen Karl Marx aus Gips bei sich auf dem Fensterbrett stehen hat. »Vor Corona kamen ja auch Italiener aus der Nachbarschaft in die Bar. Jetzt haben wir sie gebeten, vorsichtshalber wegzubleiben.« Man trifft sich zum Essen und Trinken, hört Reggae: *No Woman, no Cry*. Die Leute tauchen nur auf, wenn ihnen danach ist. Man fühlt sich nicht mehr zu gemeinsamen Abenden verpflichtet.

Für Beatrix wäre die Utopiaggia ohne ihre Freunde nicht denkbar. Nicht ohne Jule, nicht ohne Karl-Ludwig, der ihr vom unzuverlässigen Ehemann zum treuen Freund geworden ist. Trotzdem hält Beatrix den Ort immer noch eher für eine echte Kommune als für eine angenehme Wohngemeinschaft. Man teilt nicht nur die materielle Lebensgrundlage, sondern auch weitgehend die Vorstellung, wie das gemeinsame Leben aussehen soll. Das Aufeinanderangewiesensein und die soziale Verpflichtung werden im Alter stärker, so stark wie sie in einer WG kaum werden können. Ildiko, heute 78, spricht von Piaggia lieber als einer Lebensgemeinschaft – »Mit Barbara und Jutta wohne ich ja über vierzig Jahre zusammen, das ist schon familienähnlich.«

Karl-Ludwig sagt, man müsse nicht miteinander befreundet sein, um gut miteinander wohnen zu können: »Sympathie ist keine dauerhafte Grundlage für das Zusammenleben, gemeinsames Arbeiten, die Bewältigung des Alltags sehr wohl. Das gemeinsame Projekt schweißt zusammen.« Er nennt Utopiaggia eine Schicksalsgemeinschaft von Gleichen, die ihre Vergangenheit und immer noch ein paar Ansichten über das Miteinander teilen: Basisdemokratie, kein Boss, nachhaltiges und umweltfreundliches Arbeiten und Wohnen. Achtsamer Umgang. Solidarität.

Die Kommunarden sind keine glücklicheren oder besseren Menschen geworden. »Man braucht den Willen, es gut auszuhalten. Man kann nicht allen gerecht werden. Man muss die guten Eigenschaften an anderen schätzen lernen und die negativen ausblenden«, sagt Beatrix. Man sagt mir, es gebe in Utopiaggia nicht den Fall, dass zwei grundsätzlich nicht mehr miteinander reden. Das ist, wenn ich es recht bedenke, schon eine große Errungenschaft.

Bernd grüßt drei Tage lang freundlich, aber ich traue mich nicht, ihn erneut anzusprechen. »Er glaubt, die Kommune hätte keine Botschaft mehr, deshalb hat er keine Lust auf Presse«, sagt Beatrix.

Karl-Ludwig ist stolz auf das Projekt Utopiaggia: »Ich bin froh, mit Mitte dreißig diese Entscheidung getroffen zu haben. Ich stamme aus der bürgerlichen Mittelschicht, habe in New York studiert, promoviert, an der Uni hätte mir eine verbeamtete Professorenkarriere offengestanden, niemand hatte mir den Mut zu diesem Schritt zugetraut. In der Kommune habe ich noch mal ein ganz anderes Leben kennengelernt, während meine ehemaligen Kommilitonen Professoren geworden sind – und die letzten Jahre vor ihrer Pensionierung wegen fortschreitender Verschulung und Bürokratisierung oft deprimiert waren.«

Dass Utopiaggia als kommunitäre Gemeinschaft seine Bewohner überleben wird, dass genug junge Leute nachziehen werden, bezweifelt Karl-Ludwig. »Für die ist die Aussicht, sich vielleicht einmal um die Alten kümmern zu müssen, wenig attraktiv.« Und die Kinder der Kommune? Zwölf sind im Laufe der Jahre in der Kommune aufgewachsen, sie besuchten die italienische Grundschule, teilweise zu fünft in einer Klasse mit nur sechs Schülern, aufs Gymnasium gingen sie in Perugia, eine Stunde mit dem Bus entfernt.

Gina, 21, lebt noch in der Kommune und kann sich nicht vorstellen, Utopiaggia je zu verlassen: »Viele halten mich für verrückt.« Gina will nicht in einer Stadt leben. »Ich liebe die Natur.« Sie wird ein Fernstudium beginnen – Soziologie.

Rebecca, 44, arbeitet in Rom als Kinderärztin. Einmal im Monat besucht sie mit ihrem Sohn ihre Mutter Käse-Barbara. Ihre Kindheit sei schön gewesen, sie habe sich aber nie getraut, Klassenkameraden einzuladen: »Ich wusste nicht, wie ich denen unsere manchmal chaotischen Wohn- und Familienverhältnisse erklären sollte.« Sie könne sich vorstellen, wieder in einer Kommune zu leben, aber nicht jetzt in ihrer Situation.

Die meisten Kinder von Utopiaggia sind alle nach Deutschland gegangen. Auch die Söhne von Karl-Ludwig.

Philip Ebeling, 42, der Sohn mit Beatrix Ebeling, der Immobilienmakler in München, verließ die Kommune nach dem Abitur. »Ich hatte eine wahnsinnig schöne

Kindheit. Aber so ab 15 haben wir uns da natürlich alle ein bisschen gelangweilt.« Er glaubt, die Kommune habe ihn empathischer, sozialer gemacht, und er könne sich deswegen leichter in Menschen, auch in seine Kunden hineindenken. Natürlich habe er sich als Immobilienmakler Gedanken gemacht, wie Utopiaggia zu erhalten wäre. Seinem Vater gegenüber habe er erwähnt, dass man das Haus in Privatbesitz überführen und komplett sanieren könne, wenn man den Großteil des Grunds dafür verkaufe.

Aber als Philip seinem Vater so etwas vorschlug, »war die Empörung sofort groß«, wie Philip sagt. »Das wollen die nicht.«

Jonas Dornbach, 44, der Sohn von Karl-Ludwig und Ildiko Dornbach, der Filmproduzent, ging schon mit 17 weg. Heute lebt er in Berlin, aber er besucht die Kommune jedes Jahr mit seinen Kindern. Er liebt den Ort, versteht sich auch mit Bernd, dem Vater seines Freundes Jani, wunderbar. Er übernachtet dort sehr gern. Seine Kinder sind vier und sieben Jahre alt und lieben es, wenn ihnen die Großmutter Schlangen, Skorpione und Salamander zeigt. Natürlich denkt der Filmproduzent seit Längerem an einen Film oder besser noch eine Serie über Utopiaggia nach. Ob Jonas sich heute vorstellen kann, in einer Kommune zu leben? »Auf keinen Fall. Ich brauche meine Rückzugsmöglichkeit.« Außerdem war ihm das gemeinsame Ziel in Piaggia zu diffus: »Alle stellten sich etwas anderes unter Kommune vor, das war teilweise sehr chaotisch. Es hätte geholfen, wenn alle etwa an Baghwan oder an Permakultur geglaubt hätten.«

Die Kinder von Utopiaggia werden das Fest zum

vierzigsten Kommunen-Jubiläum ihrer Eltern ausrichten. Karl-Ludwig schwebt eine Art Klassentreffen vor, die Ehemaligen sollen erzählen, wie die Kommune ihr späteres Leben beeinflusst hat. »Aber die Kinder planen eher eine Art Party mit Band«, sagt Karl-Ludwig.

Longo will auch kommen.

Beatrix sagt beim Abschied, ich wäre jederzeit willkommen in Utopiaggia.

Könnte ich mir grundsätzlich vorstellen, dort zu leben? Ja, aber eher heute als zu den Zeiten, in denen noch alles bis ins Kleinste durchdiskutiert wurde.

Nur, was würde Bernd dazu sagen? Das Vetorecht ist schließlich unantastbar, der Geist der Kommune noch lebendig.

Das stelle ich mir ohnehin am Schwierigsten vor: Jede noch so unbedeutende Entscheidung einstimmig treffen zu müssen. Funktioniert ja schon in meiner kleinen WG kaum.

11 ALLES AUSSER SEX
Gertis und Hannis Witwen-WG

Oft sind es die kleineren Wohngemeinschaften, in denen das Zusammenwohnen einfacher gelingt. Auch wenn die Gründe dafür auf den ersten Blick gar nicht nachvollziehbar scheinen.

Die Chefin meiner Schwester erzählte ihr die kuriose Geschichte ihrer beiden Mütter, als sie von meinem Buchprojekt hörte: Gerti und Hanni waren beide mit ihrem Vater verheiratet, seit dem Tod ihres Vaters sind sie beste Freundinnen geworden und leben und arbeiten auch zusammen.

Im Laden geben sie sich gelegentlich als Schwestern aus. Ist einfacher so. Sie tragen ja denselben Nachnamen, also würde sonst jeder denken, sie seien lesbisch und verheiratet. Zwei Frauen mit demselben Familiennamen, weil sie denselben Mann geheiratet haben, sollen beste Freundinnen sein? Zusammen wohnen, zusammen in den Urlaub fahren, zusammen arbeiten? Kann das sein? Wenn sie sich gegenseitig als Schwester bezeichnen, scheint es die Leute im Laden nicht zu irritieren, dass sich die beiden nicht ähnlich sehen. Gerti, mit 77 Jahren ein bisschen kräftiger und kleiner als die 78-jährige Hanni.

Bleibt ein bisschen Zeit für eventuelle Nachfragen, erzählen Gerti und Hanni aber schon, dass sie keine Schwestern sind. Sie erzählen ihre Geschichte ja eigentlich gern, auch hier. Bloß ihren Nachnamen wollen sie nicht in der Zeitung oder in einem Buch sehen. Sie wollen nicht, dass jedermann jederzeit bei ihnen klingelt, um die Geschichte zu hören.

Es war nicht so, dass die eine der anderen den Mann ausgespannt hätte, denn dann wären sie heute nicht beste Freundinnen, da sind sich beide Frauen ganz sicher. Im Abstand von zwanzig Jahren verliebten sie sich in denselben Mann, Bernd. Und sie mochten sich auch schon, bevor Bernd starb. Aber beste Freundinnen wurden Gerti und Hanni erst nach seinem Tod.

Kennengelernt haben sich die beiden 1980 im Krankenhaus. Hanni lag zufällig als Patientin im selben Zimmer wie Bernds Mutter. Bernd und Gerti redeten einige Jahre nach ihrer Scheidung 1971 nicht miteinander, aber zur Schwiegermutter hatte Gerti immer noch ein gutes Verhältnis. Gerti kam ins Krankenhaus zu Besuch, begegnete Hanni, und die beiden waren sich auf Anhieb sympathisch. Gerti arbeitete zu der Zeit beim Herrenausstatter Moshammer im Verkauf, Hanni gleich nebenan in einem italienischen Modegeschäft. Beide waren sie Jungfrau im Sternzeichen. Beide hatten sie jung Kinder bekommen, beide waren früh getrennt von den Vätern der Kinder.

Hanni mochte auch Bernd, als der seine Mutter im Krankenhaus besuchte. Hanni und Bernd wurden bald darauf ein Paar. Mit Gerti hatten erst mal beide keinen Kontakt.

Gerti war mit 16 schwanger geworden. »Das war schrecklich zu der Zeit«, sagt sie. 1961, noch bevor die Anti-Baby-Pille auf den Markt kam. Bernd war drei Jahre älter als sie, auch er noch minderjährig, volljährig wurde man damals erst mit 21 Jahren, die beiden brauchten noch die Einwilligung ihrer Erziehungsberechtigten für die Hochzeit. Kurz nach der Geburt ihrer ersten Tochter wurde Gerti nochmals schwanger. »Wir lebten in einer kleinen Wohnung zu viert, 35 Quadratmeter, ein Zimmer, Küche, Bad. Die Großmutter hat auf die Kinder aufgepasst, Bernd und ich sind arbeiten gegangen. Damals hat man ja so wenig verdient, wenn man nur acht Jahre zur Schule gegangen ist und nicht mal Englisch sprechen konnte. Wir mussten ackern, richtig schuften, und waren trotzdem ein Sozialfall.«

Hanni sagt, bei ihr war das ganz ähnlich. Sie kam mit 23 aus Straubing nach München. Auch sie ohne höhere Schulbildung, auch sie früh schwanger, mit 23. Auch sie früh getrennt vom Vater ihrer Tochter und schon zehn Jahre geschieden, als sie Gerti und Bernd mit Ende dreißig im Krankenhaus kennenlernte.

Gerti wurde mit elf Jahren Vollwaise und wuchs bei der Großmutter auf. Nach der Schule, erzählt sie, machte sie eine Ausbildung als Fotografin. »Aber ich weiß gar nicht, wie oft ich den Beruf gewechselt habe. Im Labor habe ich auch gearbeitet. Als meine Großmutter einen Schlaganfall bekommen hatte, konnte sie die Kinder nicht mehr hüten, und ich musste auch noch die Großmutter pflegen. Bis zum Ende. 92 Jahre alt ist sie geworden.«

Zehn Jahre blieben Gerti und Bernd zusammen. »Wir haben uns auseinandergelebt«, sagt Gerti. »Zwei

Kinder, kein Geld. Er ist dann auch in Kreise geraten, mit denen ich nichts zu tun haben wollte. Ist trinken gegangen mit seinen Spezln.« Sie war ihm nicht böse wegen der Trennung – »Reisende soll man nicht aufhalten«, sagt sie darüber. Bernd hatte es auch schwer. Seine Mutter wollte nach Paris, überließ ihn ihrer Schwester, die laut Gerti »in zerrütteten Verhältnissen« lebte. »Dann ist Bernd abgehauen, und sie haben ihn ins Waisenhaus gesteckt.« Bernd wurde Konditor und bereits mit 19 Vater.

Die Trennung nach zehn Jahren kam nicht überraschend. Gerti nahm Bernd nur übel, dass er sich nach der Trennung viele Jahre nicht um ihre Kinder gekümmert hat.

Anfang der Neunzigerjahre nahm Gertis jüngere Tochter Kontakt zu Bernd, ihrem Vater, auf. Zu diesem Zeitpunkt waren Bernd und Hanni bereits ein Paar. Bernd und Gerti wurden Großeltern, bald trafen sich alle gemeinsam zur Taufe und dann auch zu allen weiteren Familienfesten. Gerti mit ihrem zweiten Mann Dieter und Gertis zwei Töchter mit deren Kindern, Gertis Ex-Mann Bernd mit seiner zweiten Frau Hanni und deren Tochter. Sie feierten alle Geburtstage miteinander, zu Weihnachten waren sie vierzig Leute.

Es gab keine Aussprache zwischen Gerti und Bernd, vergessen, verziehen. Es gab auch keine Eifersucht zwischen den Frauen oder den Männern, so sagen es Hanni und Gerti beide. »Es war lustig. Eine schöne Zeit, bevor Bernd gestorben ist«, sagt Hanni.

1991 haben Hanni und Bernd erst geheiratet, 1999 ist er gestorben, Lungenkrebs mit 57 Jahren, es ging ganz schnell. Nach Bernds Tod verbrachte Hanni die meisten Wochenenden mit Gerti und Dieter. Zu dritt sind sie spazierengegangen oder zum Schwimmen gefahren. Dieter wurde 2002 krank. Die beiden Frauen verabredeten schon damals, nach seinem Tod einmal zusammenzuziehen. »Da hat der Dieter in Ruhe sterben können«, sagt Gerti. »Alle Kinder waren glücklich, alle Enkelkinder, sie haben ja gewusst, wie gut Hanni und ich uns verstehen. Nur unser Freundeskreis nicht, die haben immer gefragt: Habt ihr euch noch nicht gestritten?«

2007 starb Dieter, Hanni zog erst mal für ein Jahr auf Probe zu Gerti und behielt ihre alte Wohnung. »Und dann haben wir uns was anderes gesucht«, sagt Gerti. »Wir wollten einen neuen Anfang. Die Erinnerungen an Dieter steckten in dem alten Haus.« Seit vierzehn Jahren leben Hanni und Gerti nun in einem kleinen Reihenhaus in einem Münchner Vorort.

Seit Hanni in Rente ist, arbeitet sie bei Gerti im Laden mit. Gerti besitzt seit fünfundvierzig Jahren einen Puppenladen in München-Schwabing. Sie repariert Puppen und Teddybären, vom Verkauf könnte sie nicht mehr leben, »die Kinder sitzen schon mit drei Jahren vor dem Tablet«.

Beide beziehen eine kleine Rente, beide arbeiten, weil es ihnen Spaß macht, aber auch weil sie das Geld brauchen.

Bis Gerti 80 ist, will sie weiterarbeiten. »Dann soll aber Schluss sein, wenn es nach den Kindern geht«, aber Gerti weiß nicht, ob sie das schaffen wird. Als Hanni und Gerti vergangenen Winter Corona hatten, war ihnen so langweilig, weil ihnen der Kontakt zu den Leuten fehlte. »Sie können sich ja gar nicht vorstellen, was für verrückte Menschen wir da erleben. Erwachsene Männer, die mit ihren Teddybären im Bett schlafen.«

Hanni und Gerti stehen jeweils zwei Tage im Laden. Montags ist Ruhetag. Sie frühstücken jeden Tag gemeinsam, und dann setzen sie sich noch eine Weile in den Garten, bevor eine gegen elf in den Laden aufbricht. Sie kochen jeden Abend gemeinsam, »ich bin die Beiköchin und schnipsel das Gemüse«, sagt Hanni. Sie treffen ihre Töchter und Enkelkinder. Gertis jüngere Tochter nennt Hanni ihre Stiefmutter. Hanni und Gerti fahren gemeinsam in den Urlaub. Nach Bad Griesbach in die Therme, an den Gardasee. Am Wochenende gehen sie wandern. Und sie gehen schwimmen. Sie trinken den Kaffee gern stark, und Campari ist ihr Lieblingsgetränk.

Gerti liest mehr, aber Hanni liest Gerti morgens manchmal aus der Zeitung vor. Gerti bewundert das Organisationstalent von Hanni, und Hanni Gertis Spontaneität. Sie streiten selten, aber wenn, dann können sie drüber diskutieren.

Bei ihrem Einzug dachten alle, sie seien ein lesbisches Paar. »Wir haben die Nachbarn eingeladen, damit sie gleich Bescheid wissen: Wir sind nur zwei Freundinnen mit demselben Nachnamen«, sagt Hanni. »Wie ein Ehepaar, bloß ohne Sex«, sagt Gerti.

Eine Nachbarin hat den beiden neulich erzählt, dass sie es mit ihrer Freundin einmal genauso machen will, wenn ihr Mann einmal nicht mehr sein sollte.

12 WIR SIND KEINE SAUBERKEITSFETISCHISTEN
Pater Bordts Jesuiten-Kommunität

Nach meiner Zeit mit Henno begann ich, viele Menschen, denen ich begegnete, zu fragen, wie sie wohnten und warum. Michael Bordt hatte ich für einen Artikel im *SZ-Magazin* interviewt. Wochen später traute ich mich, auch ihn zu fragen. Ist ja eine sehr persönliche Frage, mit wem man lebt und wie das so läuft. Man stellt sie nicht jedermann.

Bordt ist Jesuit, war lange Präsident der Hochschule für Philosophie und leitet mittlerweile ein Institut für Philosophie und Leadership, in dem er zum Beispiel mittelständische Unternehmerfamilien berät, die sich nicht einig sind, wie das Unternehmen an die nächste Generation weitergegeben werden soll. Und Bordt schreibt Bücher, die eine Lücke im deutschen Buchmarkt zwischen Ratgeber und Philosophie schließen. Ohne viele Fremdwörter, ohne quälend lange Zitate aus der wissenschaftlichen Primärliteratur. Über den Sinn des Lebens schreibt er, über das Glück und den Unterschied zu einem erfüllten Leben. Über das Zusammenleben hat er noch nichts geschrieben. Dabei findet er das Thema durchaus wichtig.

Jesuiten leben üblicherweise in Kommunität, so nennen sie ihre Form der WG. Bordt, seitdem er mit 28 dem Orden beigetreten ist. Heute ist er Anfang 60. Es gibt auch Jesuiten, die allein wohnen. Bordts Kommunität hat einen starken WG-Charakter, wie er meint. Der sehr viel größeren Kommunität im Berchmanskolleg neben dem Universitätsgebäude in München-Schwabing geht dieser Charakter ab. Früher lebten dort 50, 60 Jesuiten, darunter auch einige ältere, mit einem relativ geregelten Tagesrhythmus fast schon klösterlich, sie aßen gemeinsam in einem großen Speisesaal, der bei Jesuiten wie in anderen Klöstern Refektorium heißt, das von einem Koch zubereitete Essen, und sie beteten zusammen. Das ist das eine Extrem, Bordts Kommunität das andere: Sie leben zu fünft. Einer ist Leiter der katholischen Hochschulgemeinde München. Ein anderer macht Rechtsberatung in der Abschiebehaft in Eichstätt und in Hof. Ein Mitbewohner unterrichtet an der Hochschule, einer habilitiert sich gerade. Allesamt sind sie Jesuiten.

Sie haben den ersten Stock und das Dachgeschoss eines Pfarrhauses gemietet. Es gibt ein gemeinsames Wohnzimmer mit Fernseher und gemeinsame Mahlzeiten, wenn es sich ergibt. Einmal die Woche verbringen sie einen gemeinsamen Abend – »da feiern wir erst Gottesdienst in einem Raum, den wir sonst als Meditationsraum nutzen, und essen dann auch zusammen«.

Sie haben einen Superior, das ist quasi der Chef der Kommunität. Er wird nicht gewählt, er wird von einem Provinzial bestimmt. Bordt ist so ein Superior. Er sagt, ein Superior sei nicht dazu da, den Leuten zu sagen, was sie zu tun und zu lassen hätten, sondern er organisiere das gemeinsame Leben und sorge sich darum, dass sich jeder einigermaßen wohlfühlt und zu seinem Recht kommt. Und wenn es Konflikte gibt, dann versucht er, Lösungswege zu finden. Der Superior macht das so lange, bis der Provinzial ihn abberuft. Und das geschieht dann meistens, weil man als Superior keine Freude und keine Lust mehr an der Aufgabe hat, oder weil die anderen sagen: »Der Bordt entwickelt hier langsam Allüren und will uns seinen Lebensstil aufzwingen. Wir wollen einen anderen.«

Es gibt keinen Putzplan — »Um diese klassischen WG-Probleme zu vermeiden, haben wir eine Zugehfrau, die einmal die Woche zu uns kommt. Das entlastet natürlich enorm. Einmal die Woche reicht auch — wir sind alle keine Sauberkeitsfetischisten. Um die Küche kümmern wir uns selbst, damit sie nicht verdreckt.« In einer Liste trägt man ein, wer was wann kocht. Bordt kocht gern. Thailändisch, indisch, italienisch, auch deutsche Küche.

Montags findet der Kommunitätsabend statt, an dem sie gemeinsam essen. Während der Pandemie war das häufiger der Fall, aber inzwischen haben alle wieder unterschiedliche Arbeitsrhythmen. Man isst öfters wieder nur zu zweit oder allein. In der Küche trifft man sich zufällig. Beim Frühstück oder abends. Organisiert ist nur der Montagabend. Man kauft grundsätzlich für alle ein, aber wer Diät hält, kann natürlich auch sein eigenes Dinkelbrot besorgen. Einmal im Semester gibt es zwei Kommunitätstage, an denen die Mitbewohner von sich erzählen. Wie es mit der Arbeit geht, der Familie, auch der Kommunität. Gibt es irgendetwas zu besprechen, knirscht es irgendwo? Wenn es sich einrichten lässt, fährt man irgendwo hin für diese zwei Tage.

Natürlich können auch bei Jesuiten Konflikte im Zusammenleben auftauchen. »Es geht darum, ständig auszuloten, wie die Gemeinschaft einerseits nicht zum kleinsten gemeinsamen Nenner degeneriert und andererseits auch die Individualität so wenig wie möglich beschnitten wird. Unser WG-Modell funktioniert nur, wenn man sich einigermaßen versteht. Wenn man sich nicht riechen kann oder ernsthafte Konflikte entstehen, wird es wirklich schwierig. Im Bergmannskolleg mit 50 anderen Mitbewohnern können sich zwei, die sich nicht abkönnen, leichter aus dem Weg gehen.«

Wenn Konflikte entstanden sind, dann am ehesten, weil einer für die Kommunität wichtige Gemeinschaftsveranstaltungen boykottiert. »Ich hab das nicht bei uns erlebt, aber ich weiß es von anderen Kommunitäten, wo einer öfter nicht zum Kommunitätsabend erschienen ist. War nicht zu finden, ausgeflogen, ohne jemandem Bescheid zu geben. Und wenn man den dann zum Beispiel fragt, was war denn?, und er wiederholt sagt: Geht dich doch nichts an! Dann wird es natürlich schwierig. So jemanden schickt man dann entweder in eine andere Kommunität, oder er muss im Notfall allein wohnen. Dass einer so schwierig ist und niemand es richtig mit ihm aushält, das gibts bei uns Jesuiten auch.«

Bordt kennt normale WGs aus seiner anfänglichen Studentenzeit. Als er in den Orden eintrat und in Oxford promovierte, hat er mit 25 Jesuiten gelebt, dann in St. Georgen mit 50 Jesuiten, gewohnt hat man in einer Gruppe zu acht. »Ich fand das Zusammenleben in einer normalen WG schwieriger als in einer Kommunität. Klare Strukturen helfen. Jemand ist für die Getränke verantwortlich, niemand isst den Kühlschrank leer, ohne sich um den nächsten Einkauf zu kümmern.« Ob auch der Glaube ein gemeinsames WG-Leben erleichtert? »Wahrscheinlich viel mehr, als ich es wahrnehme. Aber wir haben oft auch unterschiedliche Ansichten und Schwerpunkte in Glaubensdingen.«

Sein jüngster Mittbewohner ist 40, Bordt ist mit Anfang 60 der älteste. Ob ein jüngerer Student sich bei ihnen wohlfühlen würde, bezweifelt er. »Wir sind alle schon relativ lange im Orden, und wenn man so frisch eingetreten ist, tut es sicher gut, wenn man mit Leuten zusammenlebt, die auch frisch dabei sind, und man sich in seiner Peergroup über die ersten Schwierigkeiten austauschen kann. Aber lange Zeit hatten wir einen alten Mitbruder bei uns gehabt, der dann mit Mitte 80 leider gestorben ist. Vor zwei Jahren. Wir vermissen ihn sehr. Ein älterer Mitbewohner wäre sicher gut für uns. Aber es ist nicht ganz einfach, einen alten Mitbruder zu finden, der Lust hat, in so einer WG zu leben.«

Bei uns in der WG sind die Altersunterschiede ähnlich wie bei Bordt. Wir haben keine gemeinsamen Abende oder gar Tage. Jeder führt sein eigenes Leben, und wir sind eher froh, wenn wir uns nicht in die Quere kommen. Es ist eine WG mit dem kleinsten gemeinsamen Nenner. Schwierigkeiten besprechen wir eher selten in großer Runde. Wahrscheinlich sollte ich als offizieller Vermieter eine Art Superiorrolle einnehmen, der schaut, dass es allen gut geht. Aber ich sträube mich dagegen zu vermitteln. Erwachsene sollten das doch allein schaffen, sollte man meinen, nicht wahr?

In seinem Buch über Meditation schreibt Michael Bordt, es gelte dabei, den inneren Beurteiler einfach nicht mehr ernst zu nehmen und dann verstummen zu lassen. Der Beurteiler, der sich ständig über seine Mitmenschen äußert, ihnen gute oder schlechte Eigenschaften zuspricht. Zum Gelingen jeglichen Zusammenwohnens scheint mir genau das nötig. Rudis ständiges Aufstoßen, seine überlauten Telefonate – ich sollte lernen, bei so was wegzuhören oder einfach meine Tür zu schließen und nicht genervt zu sein. Birgits Art, wegen Corona alle Küchengeräte und den Kühlschrank nur mit Jackenärmel über der Hand anzufassen, erscheint mir überängstlich. Wer weiß, vielleicht hat sie recht, so vorsichtig zu sein.

Den anderen in seinem Anderssein anzuerkennen, so nannte Karl-Ludwig aus Utopiaggia diese Toleranz, die im Umgang miteinander wichtig ist, umso wichtiger beim Zusammenwohnen.

Bei anderer Gelegenheit erzählte Bordt dann noch von seinen Eltern: »Ich bin selbst jetzt Anfang sechzig und erlebe in der eigenen Familie eine Situation, die es in vielen Familien gibt. Meine Eltern sind langsam sehr alt, und die Frage ist, wie lange sie noch selbstständig in ihrem Haus leben können. Unter uns Geschwistern gibt es dazu verschiedene Auffassungen. Die eine lautet: Wir Kinder müssen die Verantwortung übernehmen und eine Pflegekraft für die Eltern oder einen Platz in einer Seniorenresidenz besorgen. Und die andere Auffassung ist: Nee, die sind beide fit im Kopf, das ist nicht unsere Sache. Es sei denn, sie bitten uns darum. In der Entscheidung für eine Pflege steckt natürlich auch das Motiv, dass es für uns einfacher wäre, wenn wir die Eltern gut versorgt wüssten und uns keine Sorgen machen müssten. Die Selbstbestimmung der alten Eltern auszuhalten ist mühsam.«

Ich fragte ihn daraufhin: Auf welcher Seite stehen Sie? Er: »Ich bin, wie Sie sich denken können, eher auf der Seite, dass die Eltern das selbst für sich entscheiden müssen. Aber ich sehe auch, dass viele alte Menschen die Konsequenzen dann nicht wirklich überblicken, dass es auch zu spät für eine selbstbestimmte Entscheidung sein kann. Das ist die Spannung, in der ich dann lebe.«

Bis zuletzt klammern wir uns an die Freiheit, allein darüber bestimmen zu können, wie wir wohnen und mit wem zusammen.

13 THAT'S WHAT THEY CALL LIFE
Rudi, der Rockprofessor, zieht weiter

Ich hänge immer noch der Hoffnung nach, einmal in einer WG mit Freunden leben zu können. Karl-Ludwig sagte, er wolle mir diese Hoffnung nicht rauben. Und er tat es mit diesem einen Satz.

Ich denke oft an ihn. Keine Satzung, keine schriftlich formulierten Regeln. Wir haben bisher keinen Putzplan. Immerhin. Das gesprochene Wort gilt, auch bei uns. Bin ich irgendwie stolz drauf. Hausordnungen sind doch albern, oder?

Rudi lässt sein Geschirr allerdings nach wie vor in der Spüle stehen. Wenn ich ihn drauf anspreche, sagt er, er wolle es doch nur kurz einweichen. Rudi, der Topf steht da drei Tage lang! Und wie laut er telefoniert, stundenlang. Ich will nicht kleinlich sein, deswegen mache ich das nicht zum Thema.

Birgit und er hatten ihren ersten Konflikt um das Badezimmerfenster ausgetragen.

Rudi: »Wollte mir die Haare waschen, habe die Heizung im Bad aufgedreht und das Fenster geschlossen, damit ich mich dabei nicht erkälte. Als ich nach zehn Minuten wieder reinging, war die Heizung aus und das Fenster auf. So ging das dreimal, bis ich die Heizung aufgedreht habe und mich vors Fenster gesetzt habe, damit es geschlossen blieb und es im Bad endlich warm wurde.«

Ihr zweites Aufeinandertreffen nach Rudis Teneriffa-Urlaub fand auch vor dem Bad statt – Rudi: Ich kam aus dem Bad und hab sie nach Conditioner gefragt. Sie hat mich angeschaut wie ein Ufo.

Birgits Version: Wir haben uns Monate nicht gesehen, er kommt aus dem Bad und kein Hallo oder Guten Morgen, wie geht's? Sondern: Hast du Conditioner? Gehts noch? Und wir haben auch eine unterschiedliche Schmutzempfindlichkeit. Hast du mal seine E-Mail-Adresse?

Ich: Wieso? Du kannst ihm das doch nicht schreiben, das muss man persönlich besprechen

Sie: Geht ja nicht, wenn er die ganze Zeit telefoniert.

Ich: Irgendwann hört er wieder auf. Birgit, dir fällt das vielleicht leichter, solche Beschwerden per Mail zu verschicken, aber das kommt blöd, du musst lernen, das im Gespräch anzubringen, ohne wütend zu werden.

Sie: Ist doch dein Freund. Kannst du das nicht machen, Lars?

Ich: Nein!

Mit mir redet Birgit. Mir stellt sie seit Neuestem sogar ab und an frisch gepressten Orangensaft vor die Tür. Sie erkundigt sich auch nach der Adresse meiner Kinder. Will ihnen Kekse schicken. Nicht selbst gebackene wie die von Astrid, sondern gekaufte. Etwas später erfahre ich wieso: »Heute früh habe ich die jüngsten Corona-Zahlen gelesen und beschlossen, in die totale Isolation zu gehen und das Haus nur noch zu verlassen, wenn ich ins Labor muss. Könntest du mir bitte die nächsten Wochen was mitbringen, wenn du zum Supermarkt gehst?« – »Okay, aber lass dich bitte endlich impfen.«

Rudi hat für Birgit Blümchen von der Tankstelle mitgebracht. Hat Birgit nicht sonderlich beeindruckt, aber sie stellt Rudi jetzt auch manchmal ein Glas frisch gepressten Orangensaft vor die Tür. Ihr Friedensangebot. Das Klo im Keller hat sie kurzerhand zum Mädchenklo erklärt. Sie will oben nicht mehr für uns putzen. Recht hat sie.

Im Februar war ich eine Woche in Sizilien, erst zur Geburtstagssause eines Freundes und dann bin ich noch ein paar Tage rumgefahren. Bei meiner Rückkehr stelle ich fest, dass Birgit auf der Terrasse Unkraut gejätet, den Heizkörper im Bad gestrichen, im Wintergarten ein paar lose Parkettstellen verklebt hat. Birgit liebt das Haus. Mehr als ich das tue. Sie kümmert sich. Für das Haus und die WG ist sie ein wahrer Segen.

Sogar die Holzpaneele auf der Kellertreppe hat sie neu geklebt, das Werkzeug im Keller abermals aufgeräumt und unsere Bettwäsche fein säuberlich gefaltet, aufgeräumt und ausgemistet. War viel zu viel da, sagt sie, sie hat acht Kisten für Flüchtlinge aus der Ukraine gepackt. Mit Adresszettel, wohin man sie in München bringen könne. Ob ich damit einverstanden wäre? Und die Kissen? »In Kissen weint es sich einfacher«, sagt Birgit. Sie hätte die Woche kaum ein Auge zugemacht, so traurig mache sie der Krieg. Ob ich denn die Laken und Bettwäsche spenden und auch zur Sammelstelle hinfahren wolle? Natürlich will ich.

Birgit war auch kurz verreist. In Zürich zum Impfen. In der Schweiz wurde Novovax früher verimpft, deswegen ist sie hingefahren. Anschließend hat sie sich Geschnetzeltes mit Rösti und ein Bier gekauft und sich an den See gesetzt, bevor sie nachts wieder zurückgefahren ist. Die Angst ist von ihr abgefallen. Sie wirkt wie ausgewechselt. Ob sie ein Glas Wein von mir abbekomme, ihre alkoholfreie Zeit sei schließlich endlich beendet? Kriegt sie. Dann erzählt sie, apropos Italien, dass sie in Südtirol – und sie benutzt dabei nicht das Wort »entjungfert«, sondern sie sagt, dass sie auf einem Bärenfell in einer Berghütte »das erste Mal Geschlechtsverkehr hatte«. Mit demselben Mann, mit dem sie zuletzt auch wieder an Weihnachten auf die Berghütte ging. Langsam wirds vertraulich in unserer WG.

Auch Rudi ist zurück aus Wien. Dieses Mal hat er mir eine bunte Tasse mit Wiener Sehenswürdigkeiten mitgebracht. Beim letzten Mal war es eine Autogrammkarte von ihm mit Herz drauf und seinem Standardgruß: *Love & Respect*, Dein Rudi.

Rudi schreibt jetzt tatsächlich an seinem Freddie-Buch weiter. Tagsüber kommt eine Bekannte, er nennt sie Lektorin, sie sitzen oft zehn Stunden im Wintergarten und gehen Rudis Manuskript Seite für Seite durch. Sie heißt Simone und beweist eine Engelsgeduld, bringt Einkäufe für Rudi mit, geht mittags mit ihm spazieren, telefoniert spät abends mit ihm, wenn ihm noch Änderungen am Tageswerk einfallen. Wochen um Wochen vergehen. Rudi wird ungeduldig, er hat das Buch seit Jahren versprochen und für Vorbestellungen auch schon eine Anzahlung kassiert, bei Facebook wütet ein Shitstorm, weil sich der Erscheinungstermin immer weiter verschoben hat. Rudi bittet Simone, die Wochenenden durchzuarbeiten, aber am Wochenende darf Simone nicht kommen, ihr Mann hat das untersagt. Und Rudi darf auch nicht zu ihr nach Hause. Deswegen schläft Rudi am Wochenende aus und telefoniert. Dann endlich, der Drucktermin naht, Rudi verschickt an Birgit und mich VIP-Einladungen für die erste Lesung im Hardrock-Cafe München per Mail. Wie albern, wie rührend. Ralf ist immer noch im Homeoffice in Berlin und hat seinen skurrilen Mitbewohner noch gar nicht kennengelernt.

Julia kommt nach München, Hennos jüngere Tochter. Die Haushaltsauflösung ist über ein Jahr nach Hennos Tod kaum vorangeschritten. Die drei haben verabredet, Hennos Bücherregale, Fotokisten, Akten und Briefe Stück für Stück gemeinsam durchzugehen. Aber Welf ist in New York, öfter als zweimal im Jahr will er nicht kommen. Julia möchte sich gerne endlich keine Gedanken mehr um das Haus machen und darum, ob der Student, der dort jetzt wohnt, im Herbst auch das Wasser im Garten abdreht und das Laub aus der Dachrinne fischt. Aber ihre Geschwister lassen das nicht als Argument gelten. Außerdem mag Julia es nicht, wenn Fremde im Haus sind, in dem sie aufgewachsen ist. Das sei ihr zu intim, sagt sie.

Rudi verlässt am Wochenende sein Zimmer nicht. Sonntagabend erwische ich ihn auf dem Rückweg von der Toilette. Er sei deprimiert, eine schlechte Nachricht vom Finanzamt, und jetzt sei auch noch sein Freund

Nitsch gestorben, der Maler Hermann Nitsch. »Ich wollte ihn doch noch mal für meine Sendung interviewen, er wollte das auch unbedingt, jetzt ist er tot.« Und dann erzählt Rudi, wie er David Bowie und Nitsch miteinander bekanntgemacht habe, Bowie sei Kunstliebhaber und ein großer Nitsch-Verehrer gewesen. Irgendwie kommt er dann noch auf die ehemalige Sargfabrik in Wien zu sprechen, in der seit Ende der Neunzigerjahre alleinerziehende Väter leben würden. Rudi war ja lange alleinerziehend. Aber es sind natürlich nicht nur alleinerziehende Väter im 15. Bezirk Wiens, sondern auch Familien, Singles und alleinerziehende Mütter, die dort gemeinschaftliches Wohnen proben.

Meine Lieblingsgeschichte von Rudi ist die von seiner ersten Begegnung mit Frank Zappa: Der fuhr am Tag vor einem Konzert in Wien mit Cadillac in der Präsidentensuite vor, Rudi, damals noch eine kleine Nummer beim Fernsehen, fragt ihn frech, ob es nicht ein Widerspruch sei, sich als vermeintlicher Rebell in so einem Angeberauto ins Luxushotel chauffieren zu lassen? Die lange Nacht nach dem Interview endete so, dass Rudi sich filmen ließ, wie er sich spaßeshalber an die Sitze des Cadillac klammert, während Frank Zappa vergeblich versucht, ihn herauszuziehen.

Rudi erzählt gern und oft von früher.

Sein Buch ist fertig, aber die Buchvorstellung in München, zu der Rudi Birgit und mich als VIP-Gäste eingeladen hat, fällt wegen steigender Infektionszahlen aus.

Rudi reist ab. Er müsse sein Haus in Wien leer räumen, das sei jetzt endgültig verkauft, der Käufer habe ihm eine letzte Gnadenfrist eingeräumt, um die letzten

Kisten mit Rock-Devotionalien wegzuschaffen. Dinge, wie das alte Schulheft von Freddie, das dessen Lehrer in Sansibar Rudi anvertraut hätte, könne man doch nicht einfach in den Müll schmeißen. Oder den Brief von Brian May an Rudis Söhne. Und wohin mit dem ausrangierten Flugzeugsessel aus der Business Class von Lufthansa? Vier Zimmer belegen Rudis Rock-Devotionalien in dem Wiener Ibis Hotel Mariahilf, das ihn dort seit zwei Jahren gratis wohnen lässt, weil er ihnen versprach, mit den Postern und Fotos und Autogrammen und dem Flugzeugsessel eine Art Rudis Rock-Hotel einzurichten. Er sagt, er wolle nicht mehr im Hotel wohnen, aber er hat es bis heute nicht geschafft, seine Dinge in den Gängen und Zimmern zu verteilen.

Wochenlang lässt Rudi nicht von sich hören. Auf Facebook wirbt er jeden Tag dreimal für sein Buch: »Darlings, hier könnt ihr das Buch des Jahres bestellen. Die Kritiker sind begeistert.«

Irgendwann schreibe ich ihm, was er denn so vorhabe, dass es ja nicht wirklich Sinn macht, in München ein Zimmer zu mieten, das er nicht benutzt? Keine Antwort. Nach weiteren drei Wochen: »Rudi, du bist drei Mieten hinten, kommst du noch mal?«

Nach drei Tagen die Antwort: »Wir müssen reden, in drei Wochen komme ich wieder.« Er dreht wieder in München, eine weitere Folge von »Ohne Maulkorb«, Konstantin Wecker hat ihm zugesagt. Ich: Rudi, wir müssen nicht reden, du musst nur wissen, was du willst und kannst. – Es wird der vorerst letzte Dreh sein. Rudi findet nicht genügend Interviewpartner in München. Er mag sich das Zimmer in München nicht mehr leisten.

Wie sagte Frank Zappa laut Rudi Dolezal so treffend: *That's what they call life.*

Als Ralf das nächste Mal aus seinem Berliner Homeoffice nach München kommt, umarmen wir uns, wir haben uns lange nicht gesehen. Rudi hat er da schon wieder verpasst. Zweimal hat Ralf im Sommer einen befreundeten Fotografen mit Tochter auf Durchreise nach Italien vorbeigeschickt, der ein paar Tage in seinem Zimmer übernachten wollte, er selbst hat vielleicht zehn, zwölf, keinesfalls mehr als fünfzehn Nächte in den vergangenen neun Monaten in München verbracht. Als er hört, dass Rudi nicht mehr kommt, zieht er sofort ins untere Zimmer.

Birgit bemüht sich nicht, ihre Erleichterung zu verbergen. Ich sehe sie kaum. Sie ist meist schon um sechs Uhr morgens aus dem Haus.

Auch Ralf geht morgens lange vor mir in die Redaktion, selbst wenn ich da mal wieder vorbeischaue. Wir haben nach wie vor Homeoffice, Ralfs Anwesenheit ist selten, aber manchmal doch erforderlich. Abends macht er oft Yoga. Ich sehe ihn oft lächeln. Ein-, zweimal habe ich für uns beide gekocht, er hat leider immer noch nicht seine grandiose Lammkeule gemacht. Wir unternehmen auch jetzt nichts zusammen, wo wir zusammenwohnen. Er meint dennoch, es gefalle ihm sehr gut bei uns.

Mit Ralf ist das Zusammenwohnen einfach, unkompliziert und sehr angenehm. Bisher habe ich noch keine Marotten entdecken können. Ein Mitbewohner, über den ich mich nur freue – kann das sein?

Er hat mit Birgit die Scheiben in der Decke des Wintergartens geputzt und den tropfenden Siphon unter der Spüle gewechselt. Als Nächstes wollen sie gemeinsam den Gang streichen.

Karl-Ludwig sagt, man müsse nicht miteinander befreundet sein, um gut miteinander wohnen zu können: »Man kann mit jedem zusammenwohnen, wenn man nur gemeinsam etwas tut. Das gemeinsame Projekt schweißt zusammen.«

Der kleinste gemeinsame Nenner kann schon reichen für ein angenehmes Zusammenwohnen. Der kleinste gemeinsame Nenner ist ohnehin immer noch größer, als wenn man allein leben würde.

PS: Der dritte Corona-Winter ist im Anmarsch, unsere Fenster stehen wieder weit offen. Ich habe inzwischen Corona bekommen. Rudi später in Wien auch. Birgit bis heute nicht.

PPS: Babette, Julia und Welf haben sich zwei Jahre nach Hennos Tod darauf geeinigt, ihr Elternhaus zu verkaufen, sobald sie es einmal leer geräumt haben. Im Sommer soll es so weit sein.

PPPS: Basti, der Mann, der noch bei seinen Eltern und der Großmutter lebt – sein Vater ist gestorben. Tiger, die Großmutter, ist wohlauf.

14 VON OFFENEN UND GESCHLOSSENEN TÜREN
Julias, Jules und Carolines Privat- und Intimsphären

Ich habe von einer Frau gehört, die von ihrem Liebhaber niemals in dessen Wohnung eingeladen wurde.
Selbst dann nicht, als sie bei einem Spaziergang um
die Ecke dringend eine Toilette aufsuchen musste. Er
schickte sie glatt in ein Café. Die Beziehung gibt es
heute nicht mehr, soweit ich weiß.

Ich glaube dennoch, dass Frauen in der Regel bedächti-
ger mit ihrem Zuhause umgehen, dass sie ihre Wohnung
eher als Privatsphäre begreifen, die unbedingt zu schützen ist. Julia, Hennos Tochter, ist es sogar noch unange-
nehm, wenn ein Fremder in ihrem Elternhaus wohnt,
aus dem sie vor bald vierzig Jahren ausgezogen ist.

Wahrscheinlich zählen die meisten Menschen die
eigene Wohnung zur Intimsphäre – und nicht nur zur
Privatsphäre, oft sind beide deckungsgleich. Man überlegt sich in der Regel genau, wen man zu sich nach
Hause einlädt und wen nicht.

Die Grenze verläuft je nach Repräsentierbarkeit und
Bereitschaft, sich seinem Gast zu öffnen, unterschiedlich,
und nicht immer lässt sich begründen, warum man den
einen einlässt, die andere aber lieber nicht. Bei manchen

Kollegen oder Geschäftspartnerinnen kann man sich gut vorstellen, sie auch zu Hause zu treffen, bei einigen Freunden eher schlecht. Man überlegt sich in jedem Fall, ob man die Tür zu seinem Arbeits- oder gar Schlafzimmer offen stehen lässt oder nicht. Als Teenager habe ich sogar bedacht, welche LPs und Bücher ich herumliegen lasse, damit sie mich gut aussehen lassen mögen. Diese Zeiten sind weitgehend vorbei. Ich habe kein Problem damit, Freunde bei mir übernachten zu lassen, wenn ich nicht da bin. Auch nicht in meinem eigenen Bett. Ich habe sogar Astrid drei Wochen mein Zimmer überlassen, als sie ihres weitervermietet hatte. Ich will damit nur sagen, Intimsphären und ihre Grenzen verändern sich im Laufe eines Lebens. Es ist mir auch nicht sonderlich peinlich, wenn Birgit mich im Sommer mal in der Unterhose im Haus rumlaufen sieht.

Meine Freundin ist stets nervös, wenn wir jemanden einladen, der ihre Wohnung noch nicht kennt. Dann will sie es besonders schön und makellos aussehen lassen. Ich verspüre das Bedürfnis nur in Maßen. Vielleicht weil mir mein Image mit zunehmendem Alter immer gleichgültiger wird. Ja, auf und vor meinem Schreibtisch türmen sich Bücher und Zettel. Im Schrank sind T-Shirts, Hemden und Pullover in die Fächer gestopft. Meine Freundin sagt, ich sei vom Messie nicht mehr weit entfernt. Ich halte das für Quatsch, solange ich noch genau weiß, unter welchem Stapel ich etwas finden werde. Nicht jeder muss oder will so wie sie in seiner Wohnung jederzeit auf unangemeldeten Besuch Fremder vorbereitet sein.

Ihr ehemaliger Nachbar Thomas, Mathematiker, Schachcomputerentwickler, hat für seine Familie und Freunde einmal ein Regelwerk für den Haushalt skizziert, es ist scherzhaft gemeint, doch von der Sinnhaftigkeit einer solchen Festlegung scheint er überzeugt zu sein: »Es ist besser, Regeln explizit zum Ausdruck zu bringen, als ihre implizite Einhaltung zu fordern. Sie zu ignorieren hieße, der Beliebigkeit anheim zu fallen.« Seine Regeln gelten für die fachgerechte Beladung der Geschirrspülmaschine (»von hinten nach vorne«), über das korrekte Einschalten eines Lichtschalters (»kurzes Drücken auf die Mitte des Lichtschalters«), das rücksichtsvolle Verhalten bei der Morgentoilette (»Zahnpastatube nach dem Gebrauch verschließen, auf dem Kopf abstellen und nur die eigenen Badezimmerutensilien verwenden«) bis hin zur Bedienung einer Teemaschine (»Gießen Sie den Wasserbehälter der Teemaschine bis zum Gebrauchsrand voll, verwenden Sie zwei gehäufte Teelöffel Tee und stellen Sie die Ziehzeit auf zwei bis drei Minuten ein. Gießen Sie von dem fertig gekochten Tee zuerst eine Teetasse voll in eine Teetasse und füllen Sie anschließend den restlichen Tee in die Thermoskanne um.«).

Sicherlich sind Übereinkünfte in einem Haushalt praktisch und erleichtern das Zusammenleben enorm. Aber wo liegt die Grenze zur peniblen Zwanghaftigkeit? Otto Steidle, der Architekt und Vater meiner ersten Freundin, erzählte einmal, wie seine Frau den Kissen auf dem ersten gemeinsamen Sofa einen Stoß in die Mitte versetzte, da habe er gleich geahnt, dass ihre Ehe nicht gutgehen könne.

In Berlin soll es Wohngemeinschaften geben, in denen man platz- und geldsparend alle Wohn- und Schlaf-bereiche gemeinsam nutzt. Also mit Schlafsaal wie im Internat, in einem billigen? Nein, sogar die Betten sol-len teilweise gemeinsam genutzt werden, im Schicht-betrieb. Funktionales Wohnen heißt das, kurz FuWo. Gibts immer häufiger, weil so mehr Leute in eine Woh-nung passen, als die Wohnung Zimmer besitzt.

Meine große Tochter wohnte zwei Jahre lang mit 13 Leuten in einer Riesen-WG in zwei zusammen-gelegten Mietwohnungen, mit eigenem Zimmer und Kochplan. Jetzt ist sie in ein Haus mit 39 Mitbewohnern gezogen. Vorderhaus, Seitenflügel, Hinterhaus. Solch große WGs haben oft einen Dachverband, der ihnen bei der Organisation geholfen hat: Sie heißen Hausprojekt oder Mietshäuser-Syndikat, letzteres besitzt mehr Mit-glieder und hat seinen Sitz in Freiburg. Beide Dach-verbände sind aus der Hausbesetzerszene entstanden. Wohnraum wird kollektiv gekauft, um ihn der Spe-kulation zu entziehen. Interessierte schließen sich zu einem Verein zusammen, um ein Haus zu kaufen oder neu zu bauen. Im Fall von Mietshäuser-Syndikat wird eine GmbH mit zwei Gesellschaftern Eigentümerin der Immobilie: Hausverein und Mietshäuser-Syndikat. Im Gesellschaftervertrag ist geregelt, wer was bestimmt: Die Bewohner verwalten ihr Haus selbstständig wie Ei-gentümer und legen die Miethöhe fest. Niemand will am Wohnen verdienen, die Miete muss nur die Kos-ten decken. Einem eventuellen Verkauf müssten beide Gesellschafter zustimmen, aber das kommt nicht vor, die Leute wollen ja wohnen und nicht spekulieren. 200

Syndikats-Projekte gibt es bundesweit, sie sind längst nicht so populär wie Wohnungsgenossenschaften.

Die Mitbewohner meiner Tochter verteilen sich in mehreren, kleineren Wohngemeinschaften über die verschiedenen Flure. Kinder, Alte und vierköpfige Familien sind dabei, auch Paare in unterschiedlichen WGs. Alle zwei Wochen diskutiert ein Plenum die Verteilung der Hausarbeiten oder anstehende Renovierungen, sogar Fenster werden selbst eingebaut, einmal im Jahr findet ein gemeinsamer Ausflug statt. Alle drei Jahre wechseln alle Bewohner das Zimmer. Soziale Strukturen sollen sich nicht verfestigen, sprich: Alle sollen möglichst mit vielen Kontakt haben, und jeder darf mal ein großes oder ein ruhiges Zimmer bekommen. Ich mag die Atmosphäre, aber mit so vielen in so enger Absprache zu leben würde mich überfordern. Zu anstrengend, allein das Umziehen. Und ich will auch nicht mit jedem auskommen müssen.

Die Größe einer Wohngemeinschaft sagt allerdings wenig darüber aus, ob der Platz für die jeweilige Privat- und Intimsphäre genügend ist.

Eine Kollegin von mir hat zwei Jahre Corona mit ihrem neuen Freund auf 32 Quadratmetern verbracht, beide noch dazu im Homeoffice. Ging gut. Das wäre wahrscheinlich selbst mir zu intim. Und meine Freundin? Nicht auszudenken, wie und wo sie auf so engem Raum noch ihre Intimsphäre gewahrt wissen könnte. Sie sagt ohnehin, sie könnte in keiner WG leben, selbst wenn es genügend Platz gäbe.

Es versteht sich von selbst, dass das Intimleben für die allermeisten Menschen zur Intimsphäre zählt, die unbedingt gewahrt bleiben sollte. Manchmal sogar selbst vor ihrem Partner. Das war und ist nicht immer so. In Wien gab es Anfang der Siebzigerjahre eine Kommune, deren Mitglieder jetzt auf die achtzig zugehen und die – um eventuelle Erbstreitigkeiten ihrer Kinder zu verhindern – nach fünfzig Jahren dann doch erstmals genau eruieren wollten, welches Kind überhaupt von welchem Vater stammt.

Ich kenne eine Buchhändlerin in Berlin, die sich zu der These verstiegen hat, die meisten Paare würden nur deswegen geschieden, weil den Frauen kein sicherer Ort zur Selbstbefriedigung zur Verfügung stünde, die Dusche würde ihnen dafür nicht genügen, so wie ihren Männern. Jule hat auch zwei Schlafzimmer in ihrer Wohnung eingerichtet. Damit sie, falls sich doch mal ein Mann für kürzere Zeit zu ihr verirren sollte, sie in jedem Fall noch einen weiteren Rückzugsort in Reserve hält. Manchmal wechselt sie das Bett auch einfach, weil sie mag.

Zwei Schlafzimmer würden mein Leben nicht wesentlich bereichern. Aber ich kann Jule verstehen. Sie ist Scheidungskind, wollte nie mehr irgendwo rausgeschmissen werden, so empfand sie das zumindest als Kind, als die Eltern sich trennten. Sie hat lange in Wohngemeinschaften gelebt, in ihrer Wohnung, die sie auch während ihrer Ehe nicht aufgegeben hat. Sie hat auch nach ihrer Scheidung immer noch viele Gäste, sie ist oft Gastgeberin, aber grundsätzlich lebt sie jetzt gern allein. Ihre beste Freundin wohnt zwei Stockwerke unter ihr, Jule ist also nicht ganz allein. Sie gönnt sich den Luxus des Alleinlebens nach all den Jahren des Zusammenwohnens mit anderen. Sie kann sich kaum vorstellen, ihre Wohnung einmal für einen Mann aufzugeben. Nicht weil sie unromantisch wäre und nicht mehr an die Liebe glauben könnte, sondern aus Selbstschutz, sie weiß ja, wie schnell und oft Beziehungen scheitern.

Ich weiß nicht so genau, was ich von Jules These von der fehlenden Rückzugsmöglichkeit als Trennungsgrund halten soll, aber ich glaube in jedem Fall, dass viele Menschen nur deswegen allein leben, weil ihr Begriff von Intimsphäre außerordentlich weit gefasst ist und sie Angst haben, jemanden einen Blick hineinwerfen zu lassen.

Unsere WG ist – soweit ich das überblicke – sexfrei, zumindest seit Mike ausgezogen ist.

Jule kennt übrigens noch einen weiteren Hinderungsgrund für Paare zusammenzuziehen: die Verdauung. Viele Frauen könnten mit einem Mann in der Wohnung nicht auf die Toilette gehen.

Das Bad ist die wohl problematischste Intimsphäre jeder Wohngemeinschaft. Ich schließe nie ab, den Schlüssel vom Badezimmer umzudrehen macht Krach, manchmal schläft nebenan schon jemand, und außerdem sieht man durch die Milchglasscheibe in der oberen Türhälfte, ob das Licht im Bad brennt und es besetzt ist. Noch nie hat mich jemand gestört. Alle anderen außer Ralf schließen immer ab, egal um welche Uhrzeit oder wie viele Leute zu Hause sind. Dabei gab es lange keinen Schlüssel für unser Bad. Astrid hat ihn erst organisiert, will sagen: gebraucht gekauft für das alte Türschloss.

Als ich noch mit meiner Familie zusammenwohnte,

achtete jeder auf das Licht. Nur einmal überraschten die Kinder einen meiner Freunde auf der Toilette. Moritz, mein Sohn, kam rein, ging zum Waschbecken, lud seine Wasserspritzpistole und ging wieder, ohne Notiz von John zu nehmen, der mit heruntergelassenen Hosen auf dem Klosett saß. John war Amerikaner, und obwohl er in seinen Männerworkshops über alles Mögliche redete, was zwischen Mann und Frau passiert, so etwas hatte er in seiner Heimat noch nicht erlebt. Für manchen Amerikaner gilt die Toilette wohl als noch intimerer Ort als das Bett.

Moritz hatte sich neulich in München für einen einjährigen Masterlehrgang in Regie vorgestellt. Natürlich wünschte ich mir auch, dass meine Kinder einmal bei mir leben könnten. Ich sagte: Wohnen kannst du ja bei mir, falls es klappt.

Moritz: Ach nee, aber danke, Papa. Du verstehst doch sicher, dass man als Kind irgendwann nicht mehr mit seinen Eltern wohnen will. – Klar und wie ich das verstehe.

Vielleicht wollen Kinder meist nicht mehr mit den Eltern wohnen, weil sie fürchten, die Eltern würden ihre Intimsphäre weniger respektieren als andere WG-Mitbewohner.

Roger Willemsen, der Literaturwissenschaftler, Buchautor und Fernsehjournalist, hat meiner Freundin einmal erklärt, er könne die Vorstellung nicht ertragen, nach Hause zu kommen und jemand anderes würde die

Musik auswählen. Er lebte allein. Die Intimsphäre kann bis in die Geräuschkulisse reichen. Von Toilettentönen und Sexgestöhn ganz zu schweigen.

Ja, wenn es nur um Geräusche ginge, würde ich vielleicht auch lieber allein wohnen.

Aber ich wohne nicht gern allein. Nicht weil ich mich ansonsten einsam fühlen würde, nein, das kann ja auch in einer WG oder in der Ehe passieren. Wobei Forscher der Universitäten von Bochum und Chikago herausgefunden haben wollen, in welchem Alter man sich am ehesten einsam fühlt: mit dreißig, mit sechzig und am stärksten ab fünfundachtzig Jahren.

Ich hätte eher Sorge, durch das Alleinewohnen sonderbar zu werden. Wie Jule mit ihren zwei Schlafzimmern für sich allein. Ich könnte so viel Platz für mich allein nicht als Luxus begreifen. Oder so wie die Freundin einer Freundin, sie lebt allein, die Töchter längst aus dem Haus, sie vermietet über Airbnb, und hat ein Verhältnis mit einem verheirateten Pfarrer, der sich zweimal im Jahr bei ihr einmietet. Ganz allein zu leben schafft sie offenbar auch nicht.

Deutschland besitzt eine der höchsten Raten an Singlewohnungen in Europa. Ich glaube, das liegt zu einem Großteil auch an unserem übertriebenen Drang nach Individualismus. Ich verspüre diesen Drang beim Wohnen mit zunehmendem Alter immer weniger.

Ohne Empathie für den anderen und das Zurücknehmen der eigenen, oft überzogenen Ansprüche funktioniert denn auch keine Wohngemeinschaft. Wolfgang

Schmidbauer, der Therapeut aus München, hat wahrscheinlich eher eine Paarbeziehung im Auge gehabt und keine Wohngemeinschaft, als er schrieb, was für das Funktionieren des Zusammenlebens unabdingbar sei: »Glück in Beziehungen wird nicht durch Optimierung gewonnen, sondern durch die Bereitschaft, dem Gegenüber zuliebe etwas zu tun und nicht damit zu rechnen, dass Gleiches mit Gleichem vergolten wird. Das beginnt in den Tiefen des Alltags: Auch wenn meine Partnerin jedes meiner Haare tadelt, das ich nicht aus der Dusche putze, sollte ich ihre Haare geduldig und stumm entfernen. Das ist nicht nur ökonomischer, als sie zur Rede zu stellen, sondern auch konstruktiver. Ich habe beschlossen, mit ihr zu leben und sie zu lieben, also tue ich das Meine, egal, ob das weniger, ebenso viel oder mehr ist als das, was sie zu leisten pflegt. Denn ich habe im Grund keine Ahnung, was sie stumm für mich tut oder von mir hinnimmt, und es schadet auf keinen Fall, jede Möglichkeit einer liebevollen Geste zu nutzen.«

Wenn das klaglose Entfernen von fremden Haaren tatsächlich die Hürde für jegliches erfolgreiche Zusammenleben wäre, habe ich sie oft gerissen. Ich habe allerdings auch schon viele Haare kommentarlos aus dem Waschbecken oder der Dusche entfernt, von meiner Freundin sicherlich ein paar mehr als von Rudi, Mike oder Birgit, aber immerhin.

Es sind Fälle vorstellbar, in denen man die Intimsphäre des anderen verletzen muss. Birgit meldet sich meist ab, wenn sie auf die Berghütte in der Schweiz fährt oder ein wissenschaftliches Seminar hat oder nach Rosenheim in den Wald, Schleimpilze zählen. Einmal hat sie es nicht getan. Sie blieb ein Wochenende weg und antwortete nicht auf eine Nachfrage per WhatsApp. Ich klopfte an ihrer Zimmertür, keine Antwort, ich öffnete die Tür, das Bett leer. Gut so, niemand gestorben. Einen Tag später antwortete Birgit. Sie war auf irgendeiner Skihütte, wo sie einmal im Jahr Dienst schiebt, um als Mitglied des Schweizer Alpenvereins in den Genuss von freien Übernachtungen das restliche Jahr über zu kommen.

Bei Henno fürchtete ich mich öfters, ihn eines Tages tot im Bett aufzufinden. Morgens, wenn er noch nicht wach war, bevor ich in die Redaktion ging, oder nachmittags, wenn ich früh aus der Redaktion kam. Ich schob es immer so lange wie möglich hinaus, bei ihm zu klopfen, um mich zu vergewissern, ob alles okay sei. Wenn er nachts im Bett gestorben wäre, was hätte es dann genützt, ihn früher zu finden?, so dachte ich. Aber er schlief eben nur manchmal sehr lang oder machte nach einer langen Fernsehnacht einen Mittagsschlaf.

Auch bei Rudi hatte ich ein-, zweimal ein mulmiges Gefühl, als mittags nach zwölf Stunden die Vorhänge immer noch nicht aufgezogen waren. Rudi tauchte aber auf, bevor ich mich zum Klopfen durchgerungen hätte.

Ist der eigene Tod ein Argument dafür, mit anderen Menschen zusammenzuwohnen? Zeitungsberichte von längst verwesten Leichen Alleinewohnender liest man immer mal wieder. Aber sollte es einen kümmern, wie viel Arbeit und Gestank man hinterlässt und wer den

Todesort reinigt? Wollen Alleinwohnende um jeden Preis verhindern, jemals einen toten Mitbewohner oder Partner aufzufinden?

Man ist vor der Begegnung mit dem Tod auch nicht als Alleinwohnender gefeit. Man kann schließlich auch irgendwo zu Gast sein, wenn es gerade passiert. Ich war im Augenblick des Todes meiner Mutter anwesend. Es war ein sehr intimer Moment.

15 SPRECHENDE MÖBEL
Geister bei Thomas, Emanuele und Lars

Thomas ist Gutachter in München und hat eine Firma mit derzeit 50 Angestellten. Er und seine Mitarbeiter werden von der Staatsanwaltschaft, dem Gericht oder der Polizei beauftragt, sichergestellte Datenträger nach Belastungsmaterial zu durchsuchen. Sie beschäftigen sich mit Gewaltverbrechen, Wirtschaftskriminalität und mitunter auch Mord, bei mehr als der Hälfte aller Aufträge aber sollen sie auf den sichergestellten Festplatten, Handys und Computern kinderpornographische Aufnahmen und Filme suchen.

Thomas hat Wirtschaftsingenieurwesen studiert und kennt sich mit moderner Datentechnik aus. Er ist vor drei Jahren erblindet und wusste bis vor Kurzem nicht, warum, weswegen er auch einige Geistheiler aufgesucht hat. Sogar nach Thailand und auf die Philippinen ist er gereist. Einmal im Jahr beauftragt er außerdem einen Geisteraustreiber, einen Tag lang sein Büro und seine Wohnung auszuräuchern. Das begreift Thomas als hygienische Maßnahme gegen die schlechte Energie, die in sein Büro getragen wird, und ihm sind derartige Abwehrmaßnahmen auch keineswegs peinlich.

Den italienischen Philosophen Emanuele Coccia

lernte ich kennen, nachdem er ein Buch über die Pflanzenwelt geschrieben hatte, das in einigen europäischen Ländern erschienen ist. Er legt darin seine pantheistische Weltsicht dar, nach der alles wiedergeboren wird, und alle an allem teilhaben, weil Menschen mit Pflanzen und Tieren die Luft teilen, und alle Atome schon einmal Menschen, Pflanzen und Tiere durchwandert haben müssen. Wir seien alle nur wiedergeboren, und deswegen sei alle Materie belebt und es wenig sinnvoll, Dinge und Menschen so strikt voneinander zu trennen, wie wir das tun.

Jüngst hat er ein Buch über die Philosophie des Zuhause geschrieben. Er erzählt darin von seiner sechsjährigen Tochter und ihrer animistischen Kinderwelt, in der Puppen sprechen, was Erwachsene aber leider nicht hören können, genauso wenig wie die Möbel, wenn sie mit den Erwachsenen reden. Was, wenn seine Tochter tatsächlich recht hätte, dass die Gegenstände in unserem Zuhause ein Eigenleben besäßen und bisweilen sogar zu sprechen begännen?, fragt sich Coccia.

Mit Möbeln holen wir uns die Welt nach Hause. Möbel sind wie Kleider, wir demonstrieren unseren Lebensstil. Wir grenzen uns ab und machen uns zugleich mit anderen gemein. Mit Kleidern und Möbeln begegnen wir der Welt und werden zugleich Teil von ihr.

Coccia sagt, mit unserem Zuhause strukturieren wir die Welt, geben ihr einen uns eigenen Anstrich, durchdringen sie, aber laden sie auch in unsere vier Wände ein – und werden gleichzeitig von ihr durchdrungen. Alle Gegenstände haben eine Geschichte, die wir mit ihnen ins Zuhause lassen und in Erinnerung behalten, manchmal auch ohne es zu wollen. Es gibt kein autochthones Zuhause, das nur uns gehören würde und nur von uns gestaltet wäre; wir bestimmen es nicht allein. Das Zuhause verbindet uns über Gegenstände, Erinnerungen und Geschichten immer auch mit anderen Menschen. Das Zuhause nennt er deswegen einen Ort der Begegnung. Das Betreten eines Zuhauses – ganz gleich, wie arm oder reich – kommt »stets einer Reise durch Raum und Zeit gleich. Es ist eine intergalaktische Reise, die uns in eine andere Atmosphäre, ein anderes Ökosystem, eine andere Zeit und zu anderen Menschen führt. Ein schwarzes Loch, ein unergründliches Geheimnis. Deshalb ist die Annahme lächerlich, das Zuhause könne irgendeine Form von Autochthonie repräsentieren. Sobald wir ein Zuhause betreten, werden wir zu planetaren Migranten, zu Touristen der psychedelischen Erfahrungen anderer.«

Ich habe Lampen und Bilder und Geschirr von Reisen nach Ägypten, Bali, Syrien und Vietnam mitgebracht. Sie erinnern mich an meine Versuche, die Welt zu durchdringen. Sie machen mir gute Laune, wenn ich niedergeschlagen bin. Sie sagen mir: Du hast es wenigstens versucht, nicht übel.

Unter meinen Möbeln finden sich einige Erbstücke. Ein Biedermeiersekretär und ein Schreibtisch, die der dritte Ehemann meiner Mutter ihr nach der Scheidung überlassen hatte, weil er ihr Geld schuldete. Ein in unserer Familie sogenannter Sakristeischrank, in dem, seit ich mich erinnern kann, immer Geschirr untergebracht war, steht jetzt auch bei mir. Nach der Scheidung meiner Eltern verblieb er zunächst bei meinem Vater, aber meine Mutter ließ sich vertraglich zusichern, dass der Schrank nach seinem Tod wieder in ihren Besitz kommen würde. Des Weiteren eine Stehlampe, von der es heißt, mein Vater habe sie nach meiner Mutter geworfen, die daraufhin ausgezogen sei. Meine Schwester hatte sie zuerst, als wir nach dem Tod meiner Mutter alles unter uns aufteilten, sie mochte sie nicht sehr, vielleicht weil sie die Geschichte kannte, vielleicht war ihre Wohnung auch nur zu klein, weshalb sie mir die Lampe gab. Wie kann es sein, dass ich die längste Zeit diese Lampe als Zuhause begriffen habe?

Meint Coccia solche Geschichten, die uns Möbel erzählen? Die Geister dieser Scheidung haben mich jedenfalls lange heimgesucht, aber sie sitzen nicht mehr in der Lampe.

Mein Lieblingsteller stammt aus Vietnam, von ihm esse ich am liebsten, und ich sähe es eigentlich gern, wenn niemand anderes von ihm isst. Ich habe es allerdings nie jemandem in der WG gesagt. Ich hätte das als kleingeistig empfunden. Bei meiner Lieblingsteetasse hat das geklappt, ohne dass ich etwas sagen musste. Niemand fasst sie an. Die Tasse haben meine Kinder einmal für meine Exfrau in New York gekauft und ihr zum Geburtstag geschenkt. Sie hat sie bei ihrem Auszug zurückgelassen.

Ich hänge nicht mehr übermäßig an diesen Dingen, ich habe ihnen die Geister ausgetrieben. Sie suchen mich nicht mehr heim, nur wenn ich Lust habe, spreche ich mit ihnen. Sie kommen, wenn ich sie rufe.

Das proklamierte neue Zuhause von Coccia ist und soll ein Ort der Begegnung sein. Dieses Zuhause, das er meint, soll sich verändern und ständig wandeln, auch ohne unser Zutun. Es soll Menschen und ihre Geschichten aufnehmen, aber auch Tiere und Bäume. Es soll sich der Welt nicht verschließen, sondern sie strukturieren. Mein Zuhause verändert sich spätestens mit jedem neuen Mitbewohner. Tiere? Bitte nicht. In der Familie hatten wir so ungefähr alles, was es gibt. Vögel, Fische, eine Katze, Kaninchen, ein Reitpony. Meine Eltern hatten immer Tiere: mein Vater Boxerhunde, meine Mutter erst einen Pudel und später nach der Scheidung eine Katze, die sie Tarzan nannte, und die, wann immer ich vergaß, meine Tür zu schließen, sich nachts in meine Fußzehen krallte, sobald ich mich im Schlaf bewegte.

Für viele Menschen sind Tiere die letzte Verbindung zur Welt. Meine Mutter war in den letzten zehn Jahren ihres Lebens so ein Mensch. Wenn irgend möglich, möchte ich keine Haustiere mehr halten. Bäume, ja. Aber unser Garten in der WG ist wild.

Natürlich soll mein Zuhause ein offenes Haus sein. So wie ich es bei Henno erlebt habe, oder bei Otto und Irene, den Eltern meiner ersten Freundin. Oder auch bei meiner Mutter, selbst wenn ich es damals nicht zu schätzen wusste. Deswegen will ich nicht mehr allein wohnen: Ich will mich nicht mehr verstecken vor der Welt, mein Zuhause soll keine Festung mehr sein, kein Versteck, in das ich mich zurückziehe, weil ich genug hätte von der Welt und Schutz vor ihren Verletzungen suchte.

Ich habe lange auf Mitbewohner gehofft, die ich verstehe und die mich verstehen, Freunde, mit denen ich die Weltsicht, den Job, Interessen teile, mit denen ich mich vor der Umwelt draußen zurückziehen könnte, mit denen es keine größeren Differenzen geben würde. Dabei habe ich nur die Auseinandersetzung mit anderen Meinungen, mit anderen Lebensstilen gescheut. Ohne meine Mitbewohner hätte ich vieles übersehen. Meine Mitbewohner haben mich zu Offenheit erzogen. Ich bin neugieriger geworden. Aber ich verspüre auch nicht mehr den Drang, jeden Gegensatz aufzulösen, jedem Streit aus dem Weg zu gehen, jedes Unverständnis zu beheben. Ich will und muss nicht mehr mit jedem Mitbewohner befreundet sein.

Coccia sagt, sein Zuhause müsse keine vier Wände haben, es könne ein Zelt sein. Es kann flüchtig sein. Ich war mit Fischern in Indonesien drei Tage und drei Nächte unterwegs. Niemand verstand Englisch, aber es war ein Leichtes zu sehen, wie die sechzehn Männer das etwa dreißig Meter lange Holzboot nach dem Ablegen schnell in ihr Zuhause verwandelten. Dafür brauchten sie nicht viel: eine Isomatte, eine Zahnbürste, eine Kaffeetasse, einen Teller, Kleider zum Wechseln, Chili zum Kochen, Zucker für den Kaffee und Zigaretten. Abends sahen sie DVDs mit Kriegs- oder Shaolin-Filmen und legten sich gemeinsam auf dem Hinterdeck auf ihre Matten, wobei sie darauf achteten, den Boden dort nur barfuß und nicht mit Flipflops zu betreten. Sie fischten gemeinsam und sie kochten gemeinsam. Fisch mit Chili und Reis, das aßen sie alle und jeden Tag zweimal. Und wenn sie allein sein wollten, setzten sie sich aufs Vorderdeck, holten ihr Handy heraus oder angelten mit einer Nylonschnur. Es gab etliche Regeln auf dem Boot und kein lautes Wort. Sie rauchten immer und überall, dafür gab es keine Regeln.

Mein Zuhause ist inzwischen meist da, wo meine Freundin, meine Kinder, auch ihre, meine Freunde sind. Mein Zuhause verschließt sich nicht, sondern lässt die Welt herein und begrüßt immer wieder Fremde. In meinem Zuhause zeigt sich mir die Welt, und ich versuche, sie zu verstehen und zu strukturieren. Für mein Zuhause sind die Möbel und Gegenstände, die Bilder und Erinnerungen immer unwichtiger geworden. Mein Zuhause ist da, wo ich lese und schreibe. Ich liebe mein Zuhause, und ich habe keine Angst mehr vor einem Umzug. Mein Zuhause ist ohnehin ständig woanders.

Ich könnte auch allein ein offenes Haus führen, bloß warum? Ich bin all den Menschen dankbar, die mit mir gewohnt haben, dankbar für ihre Marotten und ihre Geschichten, die sie mir erzählt haben und die ich erzählen durfte, die mir halfen herauszufinden, was Zuhause für mich bedeutet und was los ist in der Welt. Danke Albi, Freddie, Andi, Verena, Moose, Bettina, Karen, Jan, Mike, Li, Astrid, Birgit, Rudi, Ralf, danke für eure Geschichten, die mein Leben reicher und ganz nebenbei dieses Buch dicker machen. *Love & Respect*, Euer Lars.

DANK

Des Weiteren danke ich: Michael Bordt, Matthias Castorph, Babette Dörr, Julia Dörr, Welf Dörr, Robert Emich, Franziska Ganthaler, Julia Hacker, Marcel Hartges, Stefan Höglmaier, Thomas Hösl, Caroline Klapp, Klaus Lange, Thomas Nitsche, Johanna von Rauch, Katinka Reichardt, Minki Reichardt, Moritz Reichardt, Bastian Richter, Karl-Ludwig Schibel, Wolfgang Schmidbauer, Wolfgang Sechser, Jens Teutsch-Majowski, Jill von Velsen, Nicola von Velsen sowie den Verantwortlichen des *SZ-Magazins*.

LITERATUR

Emanuele Coccia, *Das Zuhause. Philosophie eines scheinbar vertrauten Ortes* (2022)

Roland Hagenberg und Bernd Zimmer (Hg.), *Plantsüden 2/194*

Karl-Ludwig Schibel, *Das alte Recht auf die neue Gesellschaft. Zur Sozialgeschichte der Kommune seit dem Mittelalter* (1985)

Wolfgang Schmidbauer, *Der Fortschritt und das Glück. Eine gescheiterte Beziehung* (2022)

DER AUTOR

Lars Reichardt studierte Philosophie und arbeitet beim *Magazin* der *Süddeutschen Zeitung*. 2018 erschien sein Buch *Barbara. Das sonderbare Leben meiner Mutter Barbara Valentin*. Er lebt in München.